SEM

How a Misunderstood

Enrich Your Re

セシリア・ワトソン

セミコロン

かくも控えめであまりにもやっかいな句読点

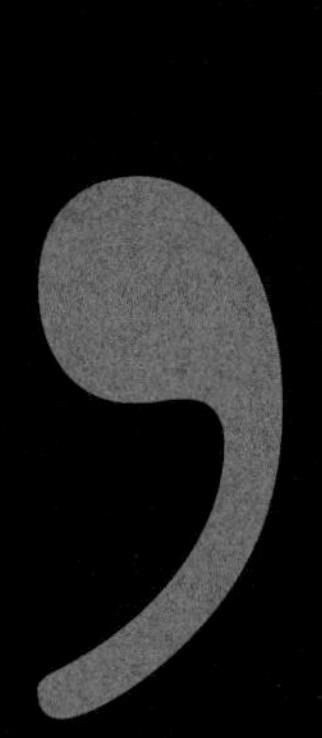

左右社

読むものがいつも十分あるように
気を配ってくれた両親に捧ぐ

Japanese translation published by arrangement with
Cecelia Watson c/o Levine Greenberg Rostan Literary Agency
through The English Agency (Japan) Ltd

句読法（パンクチュエーション）は上品で控えめな技術であり、
人間が長きにわたって抱えている災難のひとつである。
およそ300年もの間、その密やかなひねくれ方に
人は悩み、戸惑っており、
しかもどれほど使用してみたところで
その技術は一向に会得できないようだ。

「点の威力　句読点が立法府をかき乱す」
『ボストン・デイリー・グローブ』紙
1901年1月20日

目次

はじめに

言葉のルールをめぐる愛憎

「セミコロンはあまりにも不快」だ。ポール・ロビンソンは『ニュー・リパブリック』誌のエッセイでそう打ち明けている。「自分で使おうものなら、人の道に悖（もと）る行為のようにすら感じる」 スタンフォード大で人文学の教授を務める彼は、黒丸がコンマの上でバランスを取るその記号を目にするだけで全身に「憤り」を覚えるんだとか。ロビンソンは反（アンチ）セミコロンの急先鋒といった感じの人物だが、近代のセミコロン批判家はもちろん彼以外にもゴロゴロいる。ジョージ・オーウェルからドナルド・バーセルミまで、様々な小説家がセミコロンのことを醜悪だとか無意味だとか、あるいはその両方だという見解を延々とのたまってきた。カート・ヴォネガットは一切使わないことを推奨し、「まったくもって何の意味も持たない」記号だと批判。「何か意味があるとすれば、せいぜい大卒アピールになる程度である」と文筆家たちを戒める。さらにセミコロンのことを「この世で最恐の句読点」と称するイラスト入りのガイドは、ネット上でなんと80万に迫るシェア数を記録している。しかしセミコロンが生まれた15世紀、それを考案したイタリアの人文主義者たちとしては、文意の明確化を補助するツールのつもりであって、（現代のロビンソン教授が評するような）「明確でない考えを取り繕う」のにもっぱら利用される「これ見よがし」の記号というわけではなかった。19世紀の末に目を移すと、当時セミコロンはまさに流行りの記号で、使用される頻度はお仲間のコロンに大差をつけていた。かつては称賛されたセミコロンだが、今や実に多くの人が、実に不愉快で、実に扱いにくいと感じるようになっている。どういう経緯でこんなことになってしまったんだろう。

こんなことを考えるなんて、とことん悪い意味でアカデミックだと思われるかもしれない。句読点について、ましてその歴史を遡ってまで、ああだこうだ考察して何になるんだ。すでにストランク&ホワイト著の『エレメンツ・オブ・スタイル』[★1]というコンパクトなガイドや『オックスフォード・マニュアル・オブ・スタイル』のような分厚い辞典の類いがあって、それを見ればコロンやコンマの誤用はちゃんと正せるじゃないか。その手のことにはルールがあるんだ！　だが実はルールを示すタイプの句読法ガイドというのは、歴史を見てみると比較的最近作られたものだ。19世紀以前は、文章に句読点を施す方法（いわゆる「点の打ち方」）の指針として、文法家や学者の大多数が個人の好み・判断の方を重視していた。例えばスコットランド啓蒙に携わった学者ジョージ・キャンベルは、アメリカ独立宣言が署名された1776年にこう論じている。「言語というのは紛れもなく慣習の一種である……一部の批評家は「我々の言葉を司る慣習に法則を与えることが文法の仕事だ」などと倒錯した思いを抱いているようだが、それは誤っている」

だがキャンベルやその同時代人の大半が「倒錯」だと見

★1　訳注：旧版は『英語文章ルールブック』という書名で翻訳されている（荒竹出版）。

なした考え方は、たちまちごくありふれた方針として定着。18世紀も終わりに近づくと、論理から導き出したと称する規則体系を採用した新たな文法書が出てきた。その中身を覗いてみると、名文家として評価されてきた作家たちの言葉づかいが躊躇なく攻撃されている。ミルトンもシェイクスピアも「とんでもない誤り」を犯しているとしてこき下ろされ、文法家の手で改変が施された。書き手の死から数百年も経った後に作りあげた規則に無理やり従わせようとして、名作の文言を書き換えてしまったのだ。

しかし新しいタイプの文法書が勢いを増すにつれて奇妙なことが生じた。言葉の決まりに関する混乱は減るどころか、どうやら逆に増加してしまったようなのだ。乱立する規則体系の中で一体どれが一番正しいのか、誰にも分からなかった。セミコロンなどの句読点は、使い方を細かく決めれば決めるほど、ますます混迷の色を深めていった。セミコロンの機能を厳密にすればするほど、皆ますます不安を感じるようになっていった。いつ使えば良いんだろう、どう解釈すれば良いんだろう。文法家たちは、自分が提唱する規則集の方が優れている、いいや自分の方が、と激しく争い、さながらネット上のレスバトルの19世紀版のような状態に。さらに法廷でも句読点の扱いをめぐって口角泡を飛ばす論争が生じた。1875年に可決された法令の中に紛れ込んだセミコロンのせいで「夜11時以降のアルコール提供は禁止と解釈される」という判決が下され、ボストン中がパニックに陥ったのだ（同法の運用開始から改定まで6年もかかったが、ボストン市民はいつだって機転が利くので、すっかり夜が更けても酔っ払える裏技を早々に編み出していた）。

これからお話しするのは、そんなセミコロンの物語。過去から現在にいたるまでの道のりをたどりながら、明確性を生むための記号が混乱を生むさだめの記号に変貌していった様子を跡づけていく。そこで語られるエピソードはセミコロンの歩んできた道のりをハイライトでお届けするものになっている。どういう変貌を遂げてきて、その変貌で何が重要だったか。その鍵は、単なる記号をはるかに超えるような考えや気持ちを表現し呼び起こすという、セミコロンの持つ力にある。セミコロンはいわばひとつの場であり、私たちが言語、階級、教育に関して抱く恐れや望みがそこに詰め込まれている。ささやかな記号だけれど、そのいたずらっぽいインクの滴[★2]には壮大な思いが凝縮されているのだ。

セミコロンの生い立ちは、句読点だけでなく言語とその規則一般についての物語でもある――そしてその歴史は、規則に関して口にしがちな神話に疑いを投げかける。文法というのは（よくある神話によれば）古き良き時代のもので、「昔の人は文法をちゃんと理解してた」とついつい思ってしまう。「昔は雪が降るなかでも何キロも坂道をのぼって学校に行ってた」とか「昔の人はみんな礼儀正しくて顔も整っててスリムで服装もピシっとしてた」みたいに。こういう麗しき過去の幻想は私たちの共同意識の中で衰えることを知らないが、それにはちゃんと理由がある。おじいちゃん・おばあちゃんからそういう話を聞かされるし、昔の白黒写真には晴れ着姿の1コマが保存されている。そして一番強力な要因として、こんな感じの漠然とし

★2　訳注：セミコロンは ;) という顔文字（emoticon）で使用され、これは右に倒すとウィンクしているように見える。

た共通の思い込みがある。「世界はじわじわと汚(けが)され、秩序を失っている。だから昔へ遡れば遡るほど良い時代になるはず。そりゃ昔の方が大変だった面もあるだろうけどさ。でも同時に、色んな物事が今よりはマシで純粋だったんでしょ？」

「近頃じゃ句読点の厳密派でいるのも楽じゃない」とリン・トラスは著書『パンクなパンダのパンクチュエーション』の中で嘆いている。まるで「近頃」よりも前ならみんな正しい言葉づかいを堅く守ってて、何が正しい言葉づかいなのか、はっきり合意があったかのような書きぶりだ。「厳密派」「インテリ」「文法警察」「あら探し屋」を自称する人たちは、大多数の人が言葉を丁重に扱いそのニュアンスを理解していた時代に、社会全体で文法のルールに共通理解が得られていた過去に、心底戻りたがっている。だが、そんな過去のユートピアは幻だ。誰もが完璧な英語を話し、ちゃんとした句読点の使い方をしていた時代なんて存在しない。この歴史的事実にはしっかりと向き合う必要がある。現在の私たちの行動にも影響してくるのだから。まずセミコロンの物語を通して句読点の歴史の要点を押さえたら、さらにこう論じようと思う。文法に関するよくある話――あるいは神話――を引きずっていては言葉との付き合い方が制限されることになる、と。言葉には規則では捉えられない美しさがあるのに、それを見ることも、表現することも、生み出すこともできなくなってしまうのだ。

もちろん言葉のルールを一通り知っていると楽しいというのを否定する気はない。どんな学問分野でも、マスターするのは楽しいものだ。だが、それよりもずっと楽しいことがある。それは句読点が働く仕組みを理解・説明できる読み手になることだ。句読点は文の論理構造を明示するだけでなく、それを超えた意味合いを生み出すこともできる。すぐれた句読点には音楽を奏でたり、絵を描いたり、感情を喚起したりする力があるのだ。読者の皆さんには、本書の中で様々な書き手の文章を眺め、セミコロンがその説得力や美的魅力に不可欠な要素であることを知ってもらいたい。扱うのはハーマン・メルヴィル、レイモンド・チャンドラー、ヘンリー・ジェイムズ、アーヴィン・ウェルシュ、レベッカ・ソルニット、そのほかフィクション、ノンフィクションを問わず英語の名手たち。そこで目にする素晴らしいセミコロンの実例は文法家の提唱する規則にはうまく収まらず、かといって単に規則の「違反」という説明もできない。

とはいえ、言葉の規則が不十分で人工的だとしても、規則を愛する気持ちはよく分かる。というか私自身も昔は規則マニアで、アポストロフィの誤用にいらだったり、接続詞が抜けているのを見て激しい動悸に襲われたりと、そのような反応をすることこそが英語に対する最大の愛情表現だと思っているタイプの人間だった。そんな私がセミコロンの深い歴史に飛び込むことになったのは、博士課程の指導教員であるリチャーズ先生[★3]との口論がきっかけだ。先生は私が論文で使ったセミコロンに印をつけ、これは『シカゴ・マニュアル・オブ・スタイル』の規則に違反していると断言したのだった（ちなみに、先生は当時シカゴ大学出版局のトップだった）。そのセミコロンは『シカゴ・マニュアル』がズラズラと挙げるルールのうち、ある規則の正当な解釈に則ったものですと私は言い張り、何週間もふたりでひたすら堂々巡りし、『マニュアル』の規則が何を意図したものか、周りの注目も意識しながら派手に言い争った。やがて、その白熱した議論の最中に、ふとこんな思いが浮かんだ。私は規則のことをこんなにも愛おしく思い、こんなにもよく知っている気でいるけれど、そもそも規則ってどうやってできたんだろう？

この疑問に答えるべく、埃をかぶった文法書の山をかき分ける10年間の探究の旅が始まった。文献たちが図書館の書架で人知れず眠っていた期間ときたら、何十年どころか何百年に及ぶことの方が普通なほどだった。あまりにも長く忘れ去られていたものだから、手に取るとバラバラに崩壊したり、朽ちた革装のせいで手のひらに赤い染みが付いて危ない気配を漂わせてしまったり。けれども古びた文法書の中にある言葉は活気や情熱をまったく失っておらず、私は文法家たちの繰り広げるドラマにたちまち引き込まれた。みな大衆から胡散臭そうに思われても挫けず、何とか文法書の市場を開拓しようと奮闘していたのだ。そうした文献からストーリーを紡ぎ出すにあたり、私は研究者としてのスキルを総動員した。まず科学史の専門知識が必要だった。文法規則というのは、なんと、言語を「科学

★3　シカゴ大学のロバート・J・リチャーズ教授。2018年5月28日現在、英語版ウィキペディアの記事では「こんなの先生が見たら絶対嫌がるだろうな」という感じのセミコロンが使われている。

> Richards earned two PhDs; one in the History of Science from the University of Chicago and another in Philosophy from St. Louis University.
>
> リチャーズは博士号を2つ取得した；1つはシカゴ大学で科学史博士、もう1つはセントルイス大学で哲学博士

先生、これ書いたの私じゃないですからね！
〔セミコロンは独立する文同士を結ぶのが原則だが、上の例では、セミコロン以降の部分は主語・述語のない「文未満」の要素になっている〕

化」しようという動きから作られたものだった。それには当時、公立学校に通う子どもにぜひ学んでほしいと保護者が願っていたのが何よりも科学だったという背景がある。また、セミコロンを語る上では哲学の素養も活用する必要があった。文法規則の真の歴史を知る者にはどんな倫理的義務が課されるだろうかと考えを巡らせるようになったためだ。そして最後に、セミコロンのストーリーを摑むにあたって決定的に重要だったのが、イェール大、シカゴ大、バード大などで長年ライティングを指導してきた経験である。

文献から掘り起こしたストーリーをまとめ上げる頃には、文法への見方がすっかり一変していた。言葉を愛する気持ちに変わりはないけれど、より豊かな愛し方になった。文章の読み方は鋭く繊細になり、教え方も上達したが、それだけでなく前より善良な人間になれたのだ。何をまたそんな大げさな、と思われるかもしれない。たかが文法との付き合い方を変えるだけで人間的にも向上できるはずがないじゃないか——。本書の終わりにたどり着く頃には納得していただけていると嬉しい。文法を捉え直し、言葉のもっとも根本的で原初的な意義や目標の方に注意を向けるようにすれば、間違いなく人間的にも変われるのだ。言葉というのは、本当の意味でのコミュニケーションと他者への寛容さのためにある。

だが説得に取りかかる前に、まずは過去とまっすぐ向き合わないといけない。言葉のルールが発明されてからというもの、おかげで改善された部分もあるにせよ、少なくともそれと同じだけ混乱や苦痛も生じてきたのだ。そして、セミコロンの使い方が世代ごと・使う人ごとに異なるということに100年前の人たちは激情を抱いていた。こうしてみると、現代の私たちと結局大して変わらないじゃないか。読者の皆さんも本書の表紙のセミコロンを見て、おそらく何かしらの感情を覚えたことだろう。ポール・ロビンソンと同じく、嫌悪感だろうか。それとも怒り、愛、好奇心、あるいは混乱だろうか。セミコロンは些細な記号だが、大きく感情をかき立てる。これから見ていくように、それは昔も今も同じなのだ。

1章
音楽を奏でるように
セミコロンの誕生

1494年、イタリアのベネチアでセミコロンは生まれた。コンマとコロンの中間ほどの休止（ポーズ）を示そうとした記号であり[★1]、その血筋は、コンマ［,］とコロン［:］が合わさったその形に表れている。セミコロンが生まれたのは、文章の書き方に創意工夫が凝らされた時代、句読点の使い方に規則などなく、読み手の側でも新たな句読点を考案しては捨て去ってというのが普通だった頃のこと。当時の文書には（手書き・印刷を問わず）句読点をあれこれ工夫して試していた跡が残っており、その試行錯誤を行なっていた15世紀の知識人はイタリア人文主義者という名で知られている。人文主義者たちは文章の流麗さに重きを置き、ギリシャ・ローマの古典を研究して文書化し直すことを呼びかけた。それにより暗黒の中世を脱却し「文芸復興（ルネサンス）」を果たそうとしたのだ。そうした目標のもと、人文主義者は新たな文書を出版するとともに、古典のテクストも字句や句読点を書き改めて新たに出版した。

そうした知識人のひとり、アルド・マヌーツィオ[★2]こそがコンマとコロンを引き合わせてセミコロンを誕生させた仲人である。マヌーツィオは印刷・出版業を営んでいて、彼が発行した最初のラテン語文芸作品は、同時代人であるピ

★1　訳注：現代ではコンマより重くピリオドより軽い区切りと言われることが多い。

★2　訳注：アルドゥス・マヌティウスとも。

エトロ・ベンボ著の『エトナ山について』（*De Aetna*）だった。これは対話形式で綴られた文書で、イタリアのエトナ火山に登った経験を記録したものだ。そのページをめくってみると、ボローニャ出身の活字製作者フランチェスコ・グリフォがこの文書のために特別に彫った新しいハイブリッド句読点、セミコロンが目に留まる。この記号は（グリフォのアイデアによる適度に丸みを帯びたデザインで）そこかしこに鏤(ちりば)められており、コロン・コンマ・括弧と一緒になって読者の手助けをしている。

次ページの抜粋には生まれたばかりのセミコロンが5つ[★3]使われているのが見える〔p. 18 図1〕。「9つじゃないの？」と思った方がいたら要注意！　下から4行目の末尾にあるセミコロンらしき記号はセミコロンじゃなく、「～も」を意味するラテン語 que の省略形だ。ここでは neque（～も…ない）を略記するのに用いられている。ほかの箇所にも出てきているが[★4]、どれも que という綴りの –ue という部分を代用している。目を凝らすと、本物のセミコロンより微妙に位置が高いという違いがある。句読点ではなく単語の略記なので、文中の語句と同じ高さに配置されているというわけだ。

第一陣のインクもまだ乾き切らないうちから、セミコロンは急激に広まり出し、新しいフォントが作られる際には欠かせないパーツとして収録され始めた〔p. 19 図2〕。Bembo(ベンボ)という書体の背筋を伸ばしたセミコロンは『エト

★3　訳注：8行目右端、14行目に2つ、16行目やや左寄り、17行目やや右寄り。

★4　訳注：3行目の中ほど、6行目の中ほど、8行目のやや右寄り、19行目の右端。

politani etiam tractus extimantur. Ni-
uibus per hyemem ferè totus mons ca-
net:cacumen neq; per aeſtatem uiduatur.
B. P. Quid, quod hyemare tantum
5 eas meminit Strabo? B. F. At experien
tia ita te docet, uſq; ipſe auctor (quod qui
dem uenia illius dixerim) non deterior.
Quare illud mi pater etiã, atq; etiam uide;
ne quid te moueat, ſi aliqua ex parte huius
10 noſtri de Aetna ſermonis cum uetuſtis ſcri
ptoribus diſſentimus: nihil enim impedit
fuiſſe tum ea omnia, quae ipſi olim tradi
dere, quorum permãſerint plurima in no
ſtram diem; quaedam ſe immutauerít; alí
15 qua etiam ſurrexerint noua: nam (ut caete
ra omittam); quod cineroſa partim eſſe
ſumma cacumina dictauere; eius rei nunc
ueſtigium nullũ apparet: cinis enim, qui
queat conſpici, toto mõte nullus eſt: neq;
20 id tamen omnibus annis fuit: nam mul
torum teſtimonio accepimus, qui ui-
dere, annos ab hinc quadraginta tan-

図1 『エトナ山について』(1496年)の終盤からの抜粋★5

★5 訳注：夏場でも山頂には雪が残ると述べるピエトロに対し、古代の地理学者ストラボンが「雪が見られるのは冬期だけ」と報告していることとの整合性はどうなるのかとピエトロの父が尋ねている箇所。

図2　各種フォントのセミコロン

ナ山について』で使用された元祖セミコロン。下の部分はきゅっと巻いたスタイルで尻尾はとげのようにシャープ、その上では見事な球体が宙に掲げられている。Poliphilus（ポリフィラス）のセミコロンは堅くならずフワッとしていて、比較的カジュアルな見た目。まるでキース・ヘリング★6のキャラクターが膝に手をついて呼吸を整えているかのようだ。Garamond（ギャラモン）のセミコロンは周囲に目を光らせ、アグレッシブでエレガント。下ではコブラが襲いかかろうと鎌首をもたげている。Jenson（ジャンソン）のはシンプルな流れ星だ。さらに現代では個性豊かなセミコロンが山のようにあり、そこから好きに選ぶことができる。Palatino（パラティノ）のセミコロンは、おしゃれな帽子をかぶった女の子がパーティーで壁にもたれているといった感じ。Gill Sans（ギル サン）MTのセミコロンはピシッとした立ち姿、Didot（ディド）のはエッヘンと胸を張っている（ポストモダン作家のドナルド・バーセルミからすると、こうした巧みなパンチカット★7でもセミコロン本来の醜悪さを覆い隠すことなどできない。彼はセミコロンをこう評している。「醜い、それも犬の腹についたダニのように」）。

★6　訳注：アメリカのアーティスト。シンプルな線で人や犬などを躍動的に描くコミカルな作風で知られる。

★7　ルネサンス期だと活字は鉄製の棒に彫られており、「活字父型」（punch）と呼ばれた。その技法を「活字父型彫刻」（punch-cutting）、職人を「活字父型彫刻師」（punch-cutter）という。

ヨーロッパの有力紙が採用するフォントの領域にセミコロンが首尾よく侵入したのに対して、新たに生み出されたほかの句読点はそれほど上手くいかなかった。人文主義者はあれこれ新しい記号を試したが、大多数は短命のうちに消えていった。セミコロン誕生の前後100年ほどに印刷された文献には、暗号を織り交ぜて書いているのではという印象を抱くようなものもあり、ミステリアスな点、直線、曲線、渦巻きなどがふんだんに使われている。極めて微妙な違いを表すための、極めて使いどころの限定された記号もあった。例えば、かつてプンクトゥス・ペルコンタティウスとかいう記号、すなわち「修辞疑問符」が存在していたが、これはクエスチョンマークを左右反転させたものだった。生存・繁栄に成功したセミコロンと失敗した記号、その差は何だろうか。おそらくは**有用性**だ。読み手も書き手も印刷業者も、セミコロンはわざわざ書き込む価値があると感じた。しかし修辞疑問符の方はふらふらと勢いを失い、ふっと消えてしまった。これは大して驚きではない。「あ、この文はまともな疑問ではなく反語だな」と理解するのにわざわざ特別な句読点が必要な人なんて果たして存在するだろうか⸮

ちょうど現代と同じように、ルネサンスの時代でも悲嘆に暮れた知識人が、「句読点を適当に使っていたら文学はすぐに終焉を迎えることになる」と予言していた。フランスのとある人文主義者（ユマニスト）は仲間に向けてこう綴った[★8]。「当世において、教養ある筆写者の不足がいかほどか、お気づきでないはずがないことと思います――」

★8　訳注：教皇秘書ニコラス・ド・クラマンジュが国王秘書官ゴンチェ・コルに宛てた書簡。

> 多少なりともスタイルに従っている文書を筆写する場合はとりわけ人材が不足しています。そこでは記法に則った点や印が用いられ、コラ、コマタ、ペリオディ[★9]を通じた流れがありますが、その記号をもっと慎重かつ入念に区別しない限り、書き物は混乱と無教養を脱することができません……かかる不注意が生じたのは、私見によると、そうした細かい区別を要する雄弁術がなくなって久しいのが主たる要因ではないかと思われます。往古の手書き技術によって、筆写者は完全かつ形式の整った文章を、韻終止（クラウスラ）の精密な句読点とアクセント符号とを用いて少しずつ書けるようになったものですが、それは上記の事情ゆえに、表現技法もろとも死に絶えてしまいました。

表現技法は丸ごと——死んでしまった。それも句読点をうまく扱えなかった不注意な書き手のせいだと。うーん、現代人としては、この手紙が書かれた15世紀以降でも、表現技法を使った良い感じの文学作品はそこそこあるよと言えそうに思えるけれど。それはともかく、この人文主義者の嘆き自体は今でもよく見聞きするんじゃないだろうか。皆まともに句読点が使えない、巧みな言葉づかいが少しずつ失われている[★10]。それこそフランス語の Plus ça change（変われども相変わらず）というやつだ。

★9　訳注：それぞれコロン、コンマ、ピリオドに相当する。

★10　訳注：原文もPeople can't punctuate correctly, eloquence is slowly dying out.と、接続詞などを使わずにコンマだけで文をつないでいる。これは誤用とされることの多い、コンマ結合（comma splice）という書き方。

とはいえ、気難しいことを言う人も多少いたにせよ、人文主義者の大半は句読点について、書き手一人ひとりが彼自身[★11]の裁量でやっていくべきであり、あらかじめ決められた規則に従うようなものではないと考えていた。書くときも注釈を施しながら読むときも、自分のセンスや判断を発揮すべきというわけだ。句読点の使い方は個人のセンスやスタイルの問題だという見方はルネサンスが終わっても生き残った。マヌーツィオが印刷したラテン語の文書だけにとどまることなく、国境も海も軽々と越え、句読点の基本的な考え方として19世紀の中頃まで受け継がれたのだ。句読点の使い方を文法書が取り上げる場合、音楽でいう休符のようなものと考え、「こういう響きの文章にしたい」という各自の思いに従って活用すれば良い、といった論調が多かった。音楽を奏でるように文章を書きましょうという指針は何百年も続いていたのに、それが比較的最近になって「書き手は厳密な規則を順守せねばならない」という考え方に一変してしまったのは一体何ごとだろうか。

★11　当時、文章を書くのは基本的に男性だった（もちろん女性も例外的にいるにはいたが）。

2章

科学的規則を目指して

英文法戦争

グールド・ブラウン——アメリカの学校教員であり病的な文法マニアの彼には壮大な野望があった。「完全な英文法書のようなもの」を作り上げたいと思っていたのだ。その難題に着手すると心に決めてから27年の歳月を経て、ついに彼は『英文法書の決定版』(*The Grammar of English Grammars*)を出版した。全1102ページ、18世紀から19世紀(同書が出版された1851年まで)に出版された英文法書を実に548冊も収集し、その抜粋[★1]を細かな活字でビッシリと詰め込んで総覧するというものだ。[★2]

グールド・ブラウンが概観した大量の文法書は一体どこから出てきたのだろう。句読点の使用指針は最小限に抑えられたまま何事もなく何世紀も経っていたのに、なぜこの時代になって文法書がこれほど爆発的に増えたのだろう。19世紀にベストセラーとなった文法書を軽く見物して回ると、ある事実が判明する。実はその著者たちは商売上手な起業家で、作文教育という新開拓・高収益の市場(マーケット)を利用していたのだった。アメリカでもイギリスでも、19世紀

★1 ブラウンが何ごとも徹底する性格の男だったことを考えると、既存の文法書の継ぎはぎでも良いやと思えたのは驚きだ。彼はチャーチル著『英文法』に購入時の記録として「AD 1824」と記している。紀元前1824年に買ったと勘違いされたくなかったんだろう。

★2 私が所有するブラウンの文法書はもはやイカつい革装の鈍器で、縦25cm・横16.5cm・厚さ7.5cm、重さは2.2kgになる。飛行機に乗るとき、こいつのせいで預け荷物の重量制限に今まで3回引っかかっている。

というのは公教育が加速度的に拡大した時期で、教材を売ってぼろ儲けする絶好の機会だったのだ。こうした初期の文法家は辛辣な批判のプロフェッショナルでもあり、あの手この手で自らの優位を示そう（そして市場のシェアを得よう）としていた。さらに——とても意外に感じられるかもしれないが——彼らは科学者を目指していた。セミコロンの変貌を理解するには、この時期の文法書執筆者たちが英文法に関する一般人の意識を大きく変えたことを理解しておく必要がある。初期の文法家は規則による明晰性を追求していたが、結果的には混乱を生み、その巻き添えを食ったのがセミコロンだったのだ。

言葉づかいのルールを定めることで長きにわたる影響力と人気を得た英文法書の第一号はロバート・ラウス著の『簡約英文法入門』（*A Short Introduction to English Grammar*, 1758年）である。ラウスは英国国教会の主教（ビショップ）で、オックスフォード大の詩学教授でもあった。[★3] 彼は自著という意見表明の場を使い、言葉の使い方に「規則を制定」することが自分の目的だと大胆に宣言している。そして規則の提示法として、基本的には、違反例と理にかなった修正を並べて示すのが最適だろうと考えた。そこでラウスは当時確認できた中でも最悪レベルの文法違反者から用例を集めた——真正の落第生としてシェイクスピア、ジョン・ダン、アレグザンダー・ポープ、ジョナサン・スウィフト、ミルトンなどが名を連ねている〔p. 26 図1、2〕。

ラウスは思わず目が点になるような「修正」に躊躇なく手を染めた。槍玉に挙げられた作家は、何というかその、結構すごい作家なんじゃないのという気もするけれど。それはそれとして、彼の考え方がそれまでの伝統を受け継いでいることもまた事実で、一人ひとりのセンスやスタイルを重視し、個人の裁量の余地を残していた。句読点の使い方に関しては特にそうで、彼は「すべてに例外なく当てはまる厳密な規則を立てることはほぼ不可能であり、相当程度が書き手の判断と好みに委ねられる」と認めている。すでに見たように、句読点というのは音楽の休符に似ていて、個別の状況や好みに応じて用いられるべきものだった。コンマより長めの休止がセミコロン、それより長めの休止がコロンというわけだ。

★3　職業からしてそりゃそうだろうという感じだが、ラウスはイギリス人だ——かたや冒頭で登場した文法の（というか文法書の）研究家ブラウンはアメリカ人である。本章は英米を行ったり来たりするが、それにはわけがある。19世紀、影響力の強い文法書は大西洋のどちら側でも自由に売り買いされ、授業で使われたのだ。考えてみればこれは納得の話だ。文法の英米差は語彙・イディオムの違いに比べてはるかに些細なのだから。その点で、英米の文法の違いというのはイギリス内で出会う言葉の違いのようなものだ。イギリスの中でも丸パンを表す語はcob, bap, barm, bun, rollなど地域差があるが、何と呼ぶ地域だろうと、地元の小学校で教わる文法の内容はよその地域と同じなわけで。

19世紀の文法書が英米の垣根をやすやすと越えられたのには別の理由もある。英米で使い方が分かれるようになった句読点に関して、当時の文法書の多くは言及すらしなかったのだ。例えばピーター・ブリオンズという米国人による文法書は当時としては句読法を長めに解説している方だが、引用符と句読点が並ぶ際にどちらを先に書くべきかについては一言も触れていない。ピリオドやコンマを引用符の中に入れるか（アメリカ式）、それとも外に出すか（イギリス式）。初期の文法書を見たところで、こちらを使うべきとか避けるべきとか、その手の話は一切書いていないことが多い。アメリカ独自の新政府に見合うアメリカ独自の英語を強力に推し進めたあのノア・ウェブスターでさえ、1822年に出した文法書では英米の句読法を区別していない。さらに本文で話題にしている英国人ラウスにいたっては、イギリス人なのにMister（～さん）などの敬称の略記でMr.のようにピリオドを打っている。これは現代からするとアメリカ式だ。

(1) Some Writers have used *Ye* as the Objective Case Plural of the Pronoun of the Second Person; very improperly, and ungrammatically.

" The more shame for *ye*: holy men I thought *ye*."
Shakspeare, Hen. VIII.

" But tyrants dread *ye*, lest your just degree
Transfer the pow'r, and set the people free."
Prior.

" His wrath, which one day will destroy *ye* both."
Milton, P. L. ii. 734.

Milton uses the same manner of expression in a few other places of his Paradise Lost, and more frequently in his

図1　シェイクスピアもミルトンも、まったくだらしない！★4

" Oft have I seen a timely-parted ghost,
Of ashy semblance, meagre, pale, and bloodless,
Being all descended to the lab'ring heart,
Who, in the conflict that *it* holds with death,
Attracts the same for aidance 'gainst the enemy."
Shakespear, 2 Hen. VI.

It ought to be,
" *Which*, in the conflict that *it* holds"——
Or, perhaps more poetically,
" *Who*, in the conflict that *he* holds with death."

図2　シェイクスピアに文法と表現技法を軽くレクチャーするラウス★5, 6

ラウスの文法書は数十年にわたり英米の両方で君臨していたが、そこにアメリカの文法家リンドリー・マリーが現れた。彼は自分でラウスの本をちょいといじって、構造を精密に、内容を厳格にしたものを作れば多少は売れるんじゃないかと考えた。そうした改修を行うべく、マリーはラウスの文法書をセクションに分け、規則には番号を振った。マリーはこの新版の書名を『英文典』（*English Grammar*）と改めた。この本はベストセラーになったと言

★4　訳注：二人称複数の代名詞yeは「～が」という主格用法が正しく、「～に／を」という目的格で用いるのは誤りだという規則が作り上げられ、英文学の大御所がyeを目的格で使った例が「誤り」とされている（中段は詩人マシュー・プライアーの引用）。

“The more shame for ***ye***: holy men I thought ***ye***”

「なおさら**お前たちに**恥があるべきです：私は**お前たちのことを**聖職者だと思っていたのに」（『ヘンリー8世』3幕1場）

“His wrath, which one day will destroy ***ye*** both”

「神の怒りが、いつの日か**あなた方を**二人とも滅ぼしてしまう」（『失楽園』第2巻734行）

★5　よく見ると変な文字が交じっているのが分かる。「語中のs」（medial s）などと呼ばれるもので、現代人の目にはfのように見えるが実はsだ〔1行目末のghoſtなど〕。古い書物の複写版を読んでいると、この縦に長いsのせいで意図せぬ卑猥な誤読が生じることがある。例えばアントワーヌ・ラヴォアジエ著『化学原論』にはチューブで空気を吸引する実験を詳しく述べた節がある。〔そのため現代ならsuck（吸引）と書かれる語がfuck（セックス）に見える〕

★6　訳注：以下の例のheart（心臓）は人間ではないので、それを受けている代名詞who ... itはwhich ... itとするか、より詩的にするならば擬人法を徹底してwho ... heと書くべきと説いている。

“Oft have I seen a timely-parted ghost, Of ashy semblance, meagre, pale, and bloodless, Being all descended to the labouring heart, ***Who***, in the conflict that ***it*** holds with death, Attracts the same for aidance 'gainst the enemy”

「幾たびも私は自然死した亡骸を見てきた。その顔は灰のごとき様子で、やつれ、青ざめ、血の気を失っている。血はみな奮闘する心臓に降りていくためだ。**それ**は**自ら**が死を相手取った戦いで、敵に抗する援軍として血を召集する」（『ヘンリー6世 第2部』3幕2場）

うぐらいじゃ生ぬるい。実に24度も版を重ね、1797年から1870年の間で計16の異なるアメリカの出版社から再版され、おびただしいほどの部数を売り上げた結果、マリーは1800年からの40年間、「世界でもっとも売り上げの多い著作家」となったのだ。

ラウスが築いた土台をリフォームすることでマリーが成功を収めたように、マリーの文法書も新参の文法家の手によって増築が施された。その名はサミュエル・カーカム。彼が1823年に出した文法書は徐々にオリジナルを駆逐していった。マリーの文法書も24版と目まいがするほど重版を続けていたが、カーカムは少なくとも110版にまで達した。読者を引き込んだ秘訣は、動詞を解析する新システムの導入と、伝統的な英語を「間違った文法」と批判する流れの拡大にあった。カーカムの著書は規則の総数も体系性もさらに増強する方向に踏み込んでいたものの、その初版は句読点について「文法ではなく韻律に属する」という理屈で説明を丸きり省略している。つまり、リズム・イントネーション・アクセントの問題だとしたわけだ。ただ、その姿勢のせいでカーカムは一定の批判を受け、その結果、次の版からは句読点も扱われることになった——とはいえごく簡素なもので、色々な長さの休止記号だというような漠然とした説明にとどまる。つまり、19世紀随一の売り上げを誇る文法書の王者にとっても、句読点は依然として書き手がかなり柔軟に自分の判断で使えるツールだったのだ。

さて、すさまじい売れ行きでカーカムは脚光を浴びた。それにより批判に晒されるようになっただけでなく、文字通りの宿敵が出現する。この宿敵こそがグールド・ブラウン、多数の文法書を見渡して巨大な文法書を作ったあの人物である。ブラウンの文法書は何百人もの同業者を扱っており、カーカムはそのうちのひとりにすぎない。だがブラウンの神経をもっとも逆撫でしたのはカーカムだった。ブラウンの見たところ、カーカムは文法をいい加減にもてあそび、学問的倫理観などそっちのけで売り上げの数字ばかり気にしている。正しい道ではなく「貿易風まかせの針路を取り」たがるやつだと言い放つブラウン。彼の目には、カーカムが句読点の規則を採録することにしたのも誠実な学術的進歩ではなく、単に金儲け目的の増補のように映った。その「設計」など所詮は「目先の収入のための下劣な計略」だ。さらに――ブラウンいわく――カーカムという人物は「自らの思わぬ人気ぶりにご満悦」だった[★7]。カーカムのことをインチキの剽窃家とレッテル貼りしたブラウンは、その文法書を1ページ1ページぼろくそに批判し、論理的矛盾や遺漏を指摘していった。本の内容に対するジャブの合間にカーカム個人に対する痛烈な人格攻撃（アドホミネム）の不意打ちも織り交ぜた。とりわけ的確な一節では、カーカムの理屈に喧嘩を売り、そもそも本人が執筆した書籍ではないと主張し、あまつさえゴーストライターにまともな支払いもしないケチな野郎だということまで匂わせている。

カーカムは自分のことをリンドリー・マリーに次ぐ最高峰の文法家だと主張し、さらに次のように述べる。「ラウスの時代以来、マリーを唯一の例外として、

★7　訳注：浮かれて図に乗っているようなので、立ち入って批判的に検討するという話の流れ。

カーカムの著作ほど大衆から好意的に受け入れられた文法書は見当たらない。彼[★8]はそのひとつの証拠として、この6年で実に**50版**を重ねたことを挙げるだろう」(『雄弁術』序文12頁)

また同時に、同じ序文の中で次のように嘆いてもいる。

「「太陽の下でなされたすべての労苦[★9]」の中でも、ペンを使った労苦が受ける報いが最も乏しい」(同5頁)。

この言葉は、「カーカムが出した本は本人が執筆したのではなく、雇われた他人の手によるものだ」という風評を極めて明白に支持するものである。おそらくこの名もなき協力者はここで、雇い主の心情ではなく、自身の経験を書き綴ったのだろう。とはいえ私は著者として名前の出ているカーカムに文責があるものと見なし、不整合の責任を取ってもらおうと思う。

誇示しすぎだろうと批判したブラウンに対してカーカムは……なんと、さらなる誇示で応じた。しかも、今度は読者のアメリカ国民に訴えかけるレトリックで語気を強めている。

大衆の見識に対する何たる中傷だろうか！　合衆国の善良な市民の理解力と判断力に向かって何たる侮辱だろうか！　何と！　まったく価値のない本なのに年間6万部のペースで売れていると言うのか！　この理屈によると、我が国の住民はことごとく阿呆で、例外

★8　訳注：この箇所ではカーカムのことが三人称で書かれており、代筆者の存在が推測できる。

★9　訳注：旧約聖書「コヘレトの言葉」(伝道者の書)2章22節の表現。

はたった一人だけらしい。そしてその男こそグールド・ブラウンである！

ブラウンはこう再反撃した。バイロン卿は物語詩『チャイルド・ハロルドの巡礼』の売り上げでミルトンの大作『失楽園』よりもはるかに稼いでいる。だとしても、バイロンの方がミルトンより偉大な文学者だと言う人などいるはずがあろうか。

このように言い争っていたにせよ[★10]、両者は（そして同時代人たちも）ある点で意見が一致していた。文法はもはや単に個人の好みやスタイルの問題ではなく、一貫した知識体系と見なすべきだという点である。その意味で、彼らは文法を「サイエンス」と呼んだ。しかし19世紀の中頃になるとさらに新しい波が生じ、体系化された知識という広義のサイエンスにとどまらず、文法は現代の私たちもなじみのある狭義の「科学」なのだという主張がなされるようになった。この新たな文法家たちからすると、文法とは自然科学に類するものなのだった。

そう訴えることで、新たな科学的文法家は保護者や学校関係者から寄せられた不満に対応していたとみてほぼ間違いない。「文法の学習は退屈だし効果もない」「楽しい上に本物のスキルが身につく自然科学の勉強に時間を使った方が良い」という声が上がっていたのだ。文法の勉強なんて

★10　ブラウンはほかの文法書をけなしてズタボロにする以外に、独自の建設的な改革案を出したりもしていた。私のお気に入りのひとつは、疑問符をギリシャ語由来の「エロティーム」(eroteme) という名称に改名してはどうかというアイデアだ。〔原著者セリシア・ワトソンはさらに続けてエロティームがエロス（愛、欲望）からできた語だとしているが、正しくは、「問い」を意味する別の語から派生した語〕

無意味すぎて頭がおかしくなるといった苦情は1827年の時点ですでに浮上しており、1850年になるとその熱はピークに達し、そのまま19世紀末まで冷めることはなかった。文法家がお払い箱にされずにテキストの学校販売という儲かる商売を続けるためには、ガミガミうるさい保護者や関係者に応える必要があった。ごく一部ではあるが、「さあさあ寄ってらっしゃい」的な雰囲気のある目新しいメソッドとタイトルで商品を売り捌(さば)いた者も存在する。イギリスの文法家ジョージ・ミューディーによる1840年の文法書はそのトレンドの典型例だろう。その名も『新発明の品詞別シャッフルカード300枚で本当にラクラク&ワクワク英文法』(*The Grammar of the English Language Truly Made Easy and Amusing by the invention of three hundred moveable parts of speech*)である。いや本当に、品詞別カード300枚よりもラクラク&ワクワクなものなんてあるだろうか。[★11]

だがそれよりも多かったのは、文法なんてほかの科目と比べて退屈だし意味ないじゃんという文句に対し、かなりユニークな論法で応答するというものだった。科学に必要な器具は高額だったり複雑だったりするが、文法はそれを使わずに科学的観察の技術を子どもに教えることができるという説を唱えたのだ。科学のスキルを教えるためという名目で、文法家は英語の入念な観察を行うことにした。そうすれば、科学の手法を利用しつつ、生徒の言葉づかいを

★11 さすがにこのタイトルはふざけすぎに感じられ、廃刊になって久しいロンドンの新聞『ペニー・サタリスト』で初めてこの書名を目にしたときは、絶対これジョークだろうなと思った。ところがなんと本当に実在する本で、ミューディーはまったくもって本気だった。そして19世紀の文法家らしく、同業者のひけらかしや手法のまずさを延々とディスっている。

洗練させる授業ができるからだ。さらに、理科の教科書で使われる図式などの慣習も文法書に取り入れた。

アイゼイア・J・モリスは伝統に歯向かうタイプのアメリカ人文法家だが、彼は入念な観察を行うというアプローチを1858年の文法書の中で強調している――その名も『モリスの文法．対話式かつ段階式の配列で、単語をひとつ残らずその使い方にしたがって解析した、理論的で実用的な英語の文法書』（*Morris's Grammar. A philosophical and practical grammar of the English language, dialogically and progressively arranged; in which every word is parsed according to its use*）である。[★12]モリスはしょっぱなから強烈なパンチを繰り出し、サミュエル・カーカムのような売れっ子文法家という現チャンピオンからは距離を置いた。カーカムとその仲間の連中はギリシャ語やラテン語の文法に則って英文法の規則を考案し、その結果、真の「言葉の法」が「誤謬」や「不合理」だらけになっているとモリスは憤慨した。それを今こそ「暴露し論破する」のが自分の役目だ。そうした誤りを修正することは道義的な務めだとして、「まるで甘い菓子のごとく、舌（ことば）の裏に罪を隠しておくべきだろうか」と問い詰めるモリス。「誤りだという自覚のあることを教えるのは罪であるはずだ」英文法書をこうした堕落から清めるため、モリスは自著の序文を使って先人の陳腐な教えを掻っ捌いた〔p. 34 図3〕。神々しい文法家をズタズタになるまで批判すると読者がショックを受けることは承知の上だ。

★12　信じられないかもしれないが、これは19世紀の本のタイトルとしては割とシンプルな方だ。表題などが載ったページ〔いわゆる「扉」〕が“title page”と呼ばれることを馬鹿正直に受け取って、タイトルだけでページ全体を埋め尽くさなくちゃと考える人もいたほどだ。

「真実が不快なものであるならば――」 やれやれ、といった様子でこう続けている。「私は敢えて攻撃的になることを選ぼう[★13]」

PREFACE.

It is often said that English Grammar is a lifetime study, and it is a fact not to be disguised, that students usually prosecute this branch of science for years, to little practical purpose, as grammar pupils rarely speak or write more correctly than others untaught. Now, grammar is unworthy of a lifetime study; life is too important, and labor and money are too precious to be thus invested, or, rather, wasted. "Time is money."—Dr. Franklin.

Is it not a little curious, that English Grammar should be a lifetime study? If so, who has yet mastered it? Who is competent to teach it? One would make rather an unprofitable effort, trying to teach what he did not understand himself. Would it not be more than unkind to require children to recite, and expect them to comprehend, what neither teachers nor authors understand, or can explain?

図3　たしかにモリスは1ページ目から「攻撃的」だ[★14]

従来の文法家が多々誤りを犯したのはラテン語・ギリシャ語を崇め奉ったせいだろうと考えたモリスは、それを乗り越える方法を示した。古典語に合わせて設計された枠組みに英文法を押し込めようとするのではなく、まずは英語をよく観察し、それに基づいて規則を立てるというアプローチを提唱したのだ[★15]。英語の実態をしっかり見つめれば文法規則はそこから自然に姿を現すはずだ――しかも好都合なことに文法の学習は、新聞や雑誌で持てはやされてい

★13　モリスはたぶん私の一番お気に入りの文法家だ。だってだって、毒舌の異端児なんだから。

★14　訳注：「教える側もよく分かっていない内容を子どもに押しつけるというのは酷な話だ」などといった趣旨のことが述べられている。

た自然科学の美徳を部分的に獲得することにもなる。当時、子どもは自然現象の観察や学習に向かう性質を生まれつき持っていると頻繁に論じられていたのだった。

自然科学に比べると文法なんてしょうもない、という批判の声に応える策はもうひとつあった。文構造図である。まともな理科の教科書には必ず図が載っており、文法も科学を目指すのであれば、当然ながら図示の方法論が必要となるわけだ。そうした中で、1847年にスティーヴン・クラークという文法家は「言葉の科学」のために設計した図解システムを導入した。地理学でいう地図、幾何学や算術でいう図のようなものである（読者の皆さんは地理学や幾何学

★15 「新文法家」のモリスは英語をありのままに見つめることに徹し、先人たちとは違ってポープやミルトンの文章にはノータッチだった。新世代の文法家は、古典的名作に手を入れるのではなく同業者の文法書を修正することにしたのだ（不条理で滑稽な印象の修正になることもあったが）。例えば文法家で弁論家のアルフレッド・エアーズは『ウィリアム・コベットの英文法』の1893年版を編集し、「史上類を見ないほど読みやすく書かれた文法書」だと称賛した。だが初版から50年が経ち、さすがにいささか古くなってしまっているとコメント。エアーズは編集者として、同書全体にわたりコベットのミスを括弧書きで手直しすることが自分の務めだと感じた。そしてオリジナルの例文(i)を彼は(ii)のように変えている。

(i) "... and that it was this which made that false which would otherwise have been, and which was intended to be, true!"

(ii) "... and that it was this which [that] made that false which [that] would otherwise have been, and which [that] was intended to be, true!"

コベットの文章が「読みやすい」なんて言ってもこの程度だ。
〔いずれにせよ読みづらく、「そしてそうでなければ正しかったはずであり、正しいものにするつもりであったところのあれを偽にしたのは、まさにこれだということ……」のように書かれている。これは実際に使われた文章を典拠とする例文で、文脈を踏まえると「これのせいであの報告書は不正確になってしまいました。本来なら正確になるはずで、正確にするつもりでもいましたが」のような感じ。なお、「これ」とはコンマとピリオドの打ち間違いのこと〕

のことを物理学や化学と同じく自然科学に入れるのは奇妙に感じるかもしれないけれど[★16]、当時はそうした考え方が多かったのだ。また、地理学や幾何学を「科学」に含めない人でも、そのふたつは自然科学やその他の重要分野（哲学など）にとって不可欠なものだと考えていた。さらに、文法と違って数理科学は「完全」で「有用」と見なされていた）。

クラークの文構造図には聖書の言葉がしょっちゅう利用されている〔図4〕。まあたしかに、教室の後ろで悪さをしている子どもに「全能の神様にはすごいパワーがあるんだからね」と軽く脅しを入れておくのも悪くない気がする。

構造図は文法書に盛んに取り入れられ、その人気は長く続いた。近頃の学校現場では流行らなくなっているが、皆さんの中には黒板でせっせと構文分析するような文法の授

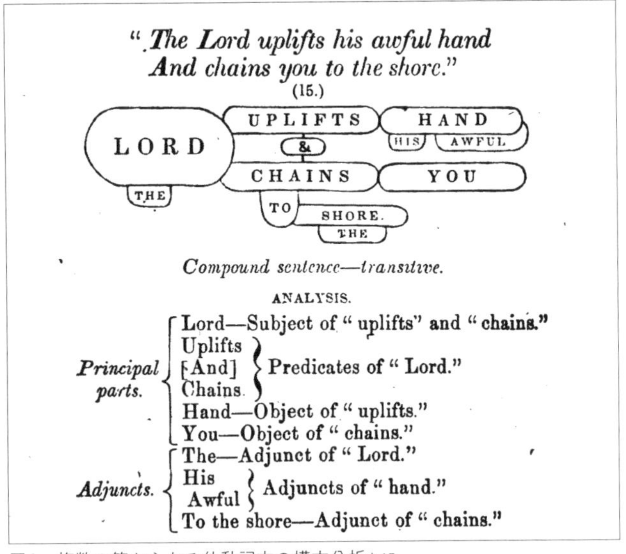

図4　複数の節からなる他動詞文の構文分析[★17]

業を受けた幼き日の記憶がある方もいるんじゃないだろうか。私もそのひとりだが、さすがにここまでのケッサクを書かされた覚えはない（あまりに複雑すぎて、もはや笑ってしまう）〔図5〕。

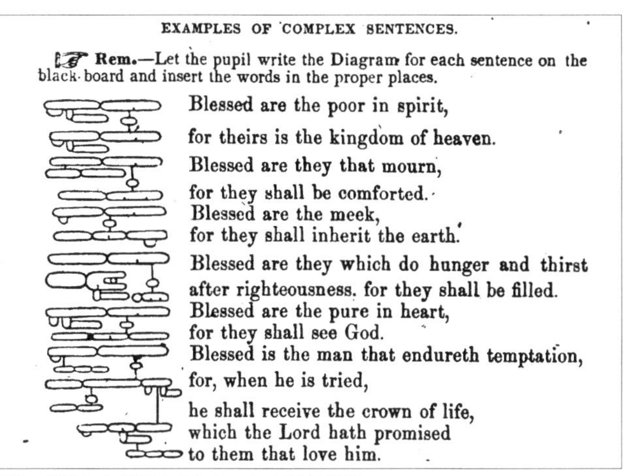

EXAMPLES OF COMPLEX SENTENCES.

Rem.—Let the pupil write the Diagram for each sentence on the black-board and insert the words in the proper places.

Blessed are the poor in spirit,
for theirs is the kingdom of heaven.
Blessed are they that mourn,
for they shall be comforted.
Blessed are the meek,
for they shall inherit the earth.
Blessed are they which do hunger and thirst after righteousness. for they shall be filled.
Blessed are the pure in heart,
for they shall see God.
Blessed is the man that endureth temptation,
for, when he is tried,
he shall receive the crown of life,
which the Lord hath promised
to them that love him.

図5　複雑に文が組み合わさった穴埋め問題★18

★16　訳注：科学には自然科学のほか形式科学・社会科学・人文科学といった大きなカテゴリーがあり、地理学の一部は人文科学に、幾何学などの数学は形式科学に分類される。

★17　訳注：The Lord uplifts his awful hand And chains you to the shore.（主はその畏れ多い御手をあげ、お前〔＝荒波〕を岸につなぎ止める）という文が分析されている。これは詩人ヘンリー・カーク・ホワイトの言葉で、「力に満ちたる」という曲名の賛美歌になっている。

★18　訳注：右の英文を左図の空欄に正しく記入しなさいという問題。欽定訳聖書から「マタイの福音書」5章3–6節、同8節、および「ヤコブの手紙」1章12節が引用されている。内容は次の通り。

「心の貧しい者は幸いです。天の御国はその人たちのものだからです。悲しむ者は幸いです。その人たちは慰められるからです。柔和な者は幸いです。その人たちは地を受け継ぐからです。義に飢え渇く者は幸いです。その人たちは満ち足りるからです」、「心のきよい者は幸いです。その人たちは神を見るからです」、「試練に耐える人は幸いです。耐え抜いた人は、神を愛する者たちに約束された、いのちの冠を受けるからです」

構文をビジュアル化する手法を開発したクラーク。彼は図の使用以外でも可能な限り自然科学の美学に倣い、「確固たる答えがここにある」という響きを目指すとともに、原理と事実をふんだんに盛り込むよう努めた。そこで、彼は規則の示し方に階層的なスタイルを採用した。これは同時代のピーター・ブリオンズから拝借したものだ。ブリオンズは読者に「主要な原理、定義、規則」を示すためにそのスタイルを使っていた。そうした原則は「大きめの活字」で提示して重要性を強調。それに対する例外の説明は、鉄の掟から遠ざかるにつれて文字サイズをどんどん小さくしていった。

マトリョーシカ式に小さくなるブリオンズの文字には、ある根本的な葛藤が大々的に描き出されている。規則と好みの緊張関係である。ブリオンズによると、句読点の目的は「読み手に対して正確な意味を伝え、適切な読み上げを補助すること」だ。しかし、「休止の長さについては黙読・音読をする個人の好みに委ねなければならない」と、2ポイント小さな活字で注意している〔図6：468〕。そう言いつつも、その後ブリオンズはコンマだけで25個もの規則と例外を提示している。そしてその規則に対してさらなる但し書きが一段と小さなフォントで付されている〔図6：494〕。「以上の規則で網羅できていることを願いたい；しかし、各人が自らの判断に頼らねばならない場合もあろう」　ブリオンズは言葉を濁し、規則に徹するか好みに屈するかの狭間で揺らいでいるようだ。

ブリオンズのジレンマは19世紀の文法家がひとり残らず直面した悪夢だった。句読点の使い方について有用な規則を立てつつ、それと同時に、規則では句読点の妥当な打ち方を網羅できないと認める――そんなこと、不可能じゃないか。ラテン語・ギリシャ語の決まりを用いて英語を取り締まろうとするにせよ、いま息をしている英語を吟味して原則を取り出すにせよ、厳密な規則と柔軟な使用法の緊張関係から逃れることはできなかった。英語の文章が実際にどう書かれているかを考慮して規則の形にしたとしても、いったん定めてしまうとその規則は変わりようがないが、使用法は確実に移り変わっていく。文法家は次のいずれを取るかで必然的に板挟みになった。ピーター・ブリオンズがコンマだけで25個もの規則を作って挑戦したように、あらゆる使用法を想定し尽くすという（決して報われぬ）努力をするか、あるいはロバート・ラウスが句読点は

152　ENGLISH GRAMMAR.　§ 88

466. The principal stops are the following:

The Comma (,) the semicolon (;) the colon (:) the period, or full stop (.) the note of interrogation (?) the note of exclamation (!)

467. The comma represents the shortest pause; the semicolon, a pause double that of the comma; the colon, double that of the semicolon; and the period, double that of the colon.

468. The duration of the pauses must be left to the taste of the reader or speaker.

493. When, however, these phrases are not considered important, and particularly in short sentences, the comma is not inserted; as, "There is *surely* a pleasure in acting kindly." "Idleness *certainly* is the mother of all vices." "He was *at last* convinced of his error."

494. ⁂ The foregoing rules will, it is hoped, be found comprehensive; yet there may be some cases in which the student must rely on his own judgment.

図6　ブリオンズに見られる規則と好みの葛藤

色々な長さの休止だと規定したように、あまりに漠然としていて役に立たない規則を挙げるか、である。[★19] メガ級に大量の文献をメタ的に俯瞰した文法家グールド・ブラウンはその著書『英文法書の決定版』の中で、「大志を抱け」的なレトリックを少々入れることによってこの問題を甘美な口当たりに仕立てようとした。

> [S]ome may begin to think that in treating of grammar we are dealing with something too various and changeable for the understanding to grasp; a dodging Proteus of the imagination, who is ever ready to assume some new shape, and elude the vigilance of the inquirer. But let the reader or student do his part; and, if he please, follow us with attention. We will endeavour, with welded links, to bind this Proteus, in such a manner that he shall neither escape from our

---

★19 通例ロバート・ラウスのような人は「規範主義者」、アイゼイア・モリスのような文法家は「記述主義者」と呼ばれる。言語はこうあるべきという規則を立てる規範主義者に対し、記述主義者は言語のありようを観察して記述しようとする。しかし19世紀の文法家をこんなふうに極端な分類に押し込めるのはフェアでない。規範主義とされる人(ラウスとその支持者など)は書き手の好みの重要性を認識せずに規則を決めていたんだろうとか、記述主義とされる人(モリスとその仲間)は規則をまったく定めず記述に徹していたんだろう、といった印象を与えてしまうからだ。

実際はもっと込み入っている。この文法家たちはみな規則と好みのせめぎ合いに折り合いをつけようとしており、規範だの記述だのと一括りにできるほどスパッと分かれてはいない。もっと言うと、文法が抱えるこの根本的な問題と格闘する様子が紙面からありありと伝わってくるということが、ラウスやモリスの時代の文法書を読むことの大きな魅力だと言える。

hold, nor fail to give to the consulter an intelligible and satisfactory response. Be not discouraged, generous youth.

文法を扱うというのはあまりに多様で不安定なものを相手にすることであり、人間の理解力では捉えきれないのではと思い始めた読者がいるかもしれない；まるでひらりと身をかわす、変幻自在なプロテウス[★20]。こうかと思えばすぐに姿を変え、探し求める者の目をかいくぐる。だが読者・学生の諸君はその本分を果たされたい；そして宜（よろ）しければ、慎重に付いてきていただきたい。我々は鎖でもって、このプロテウスを縛（ばく）することを試みる。我々の把握を逃れることが今後決してなく、理解可能で満足できる応答を確実に手にすることができるように。挫けるな、勇ましき若人たちよ。

ブラウンだって、扱った範囲を考えるとヘラクレス[★21]のように超人的な奮闘だったかもしれないが、流動的な言葉の決まりを固定するにはそれでもなお不十分だった。文法家が実態を規則で書き留めようとするたび、句読点はその縛りをすり抜けてしまう。少数の規則で大摑みにしようと、百の細則で捕らえようと、必ずそうなった。文法という名のプロテウスはその姿を変え続け、人々が奮闘した結果どうなったかといえば、そのかかとから重たい鎖がだらりと不格好に垂れ下がっている程度だった。規則と使用の厄介

★20　訳注：ギリシャ神話に登場する老神。予言能力があったが、その予言を求める人がいても様々に変身して逃れた。

★21　訳注：ギリシャ神話において数々の難題を成し遂げた英雄。

な対立関係は、本書の主人公であるセミコロンの運命にも大きく関わることになる。

3章
ファッションアイテムからトラブルメーカーへ

1857年の春先のことだった。『シカゴ・デイリー・トリビューン』紙の記者はシカゴの街を散策し、ひげのトレンドを記事にしようと、道行く人々の様子を書き留めた。特に人気だったのは、口ひげに控え目な顎（あご）ひげを合わせるスタイル。「鼻の下だけでなく顎にも粋なひげを蓄え、頬はすっきりと剃っていた人が43名；どうも顔周りのお洒落の形をズバリ表すならセミコロンになるようだ」

このたとえは的を射ていた。セミコロンはまさに流行のスタイルだったのだ——顔においても、文章でも。

句読点は規則に従うものだという考えに染まっていると、その使い方がトレンドの変化に左右されるなんて話には首をかしげるのではないだろうか。たしかに規則のメリットとして、思いつきや気まぐれを断ち切ってくれる点があるだろう。しかし規則を示す句読法ガイドの開発者、前章で紹介した文法家たちでさえ、句読点にトレンドがあることを白状していた。すでに見たように、彼らには規則と実際の使用の緊張関係にどう折り合いをつけるべきかで葛藤があった。実例を吟味したことで、文法家は気まぐれに使われる句読点を鋭く察知するようになっていたのだ。19世紀、セミコロンの流行は上昇傾向にあったが、それには括弧とコロンというふたつの記号が不人気になったことが関係しているかもしれない。19世紀初頭にはすでに括弧はひどく前時代的になっており、T・O・チャーチルは1823年の文法書で「括弧は今や、奇形の記号だとして大衆から野次を浴びている」と冷たく言い切っている。それで終わりではない。3年後、括弧は背中まがりの男どころか幽霊まがいの存在になってしまい、ルーファス・ナッティング著『実用英文法』もブラッドフォード・フレイジー著『改良版英文法』も括弧を「ほぼ消えかけている」と見なした。人文主義思想家のデシデリウス・エラスムスがロマンチックに「三日月」(lunulae)と呼んだこの丸みを帯びた記号は地に落ちてしまったのだ。19世紀の半ばになると、コロンも鼻であしらわれるようになっていた。オリバー・フェルトンによる1843年の文法書は「**コロン**を優れた書き手が用いることはもはや極めて稀であるため、その使い方に関する規則は必要なかろう」とはぐらかしている。その7年後、『公立学校ジャーナル』はコロンについて「子どもに使わせるべきではない」「上級の生徒にもその使用を控えるよう勧めるべきである」と深刻な様子で忠告した。

だがコロンにとってのこの悪い知らせは、セミコロンにしてみれば最高の知らせだった。ダサいコロンの代わりに使われるようになったものこそがセミコロンで、この新興の記号はたちまち文章の中に凄まじい勢いで殺到し、大部分のコロンはおろか、相当な数のコンマまで飲み込んでいった。1840年代にもなるとセミコロンはかなり流行していたため、グールド・ブラウンはその訴求力を逆手に取って、もはや見向きもされなくなったコロンの見直しを切に求めた。「コロンがなければ――」と彼は訴える。「セミコロンが不条理な記号になるのは誰の目にも明らかではないか。もはやセミコロンではありえない。全体がなくなってしまえば半分（セミ）たりえないのだから！」ブラウンに言わせれば、コロンには何の問題もない。そもそもコロンも「以前はすごく流行って」いたではないか（とはいえブラウン自身、セミコロンの誘惑に抗えたわけではなかった。ブラウンの分厚い文法書の冒頭文にはセミコロンが7つも使われているが、コロンはゼロである）。

ブラウンは「流行」に訴えることでコロンを擁護したが、彼の論証からは句読法の行く末――私たちのいる現在地点――を垣間見ることができる。句読法の指針として覇権を握る要素は「論理」になっていくのである。著名な英国の文法学者、H・W・ファウラーが『現代英語用法辞典』（*A Dictionary of Modern English Usage*）を出版した1926年にもなると、やれ半分だの全体だの不条理だのとブラウンが言っていたものは、数学の背理法を彷彿とさせる無機質な表現に圧縮されていた。ファウラーは流行も好みも情熱もリズムも排し、そっけないほど論理に徹した定式化を行ったのだ。

> The use of semicolons to separate parallel expressions that would normally be separated by commas is not in itself illegitimate; but it must not be done when the expressions so separated form a group that is to be separated by nothing more than a comma, or even not separated at all, from another part of the sentence; to do it is to make the less include the greater, which is absurd.
>
> 通例コンマが使われる並列表現の区切りにセミコロンを用いることが本質的に規則違反であるわけではない；ただし、文中の他の部分から区別しようとする当

> 該の表現が、単にコンマを使えば済むか、あるいはそもそも区切りが不要な程度のまとまりであれば、セミコロンの使用は認められない；そこで使用すると小が大を兼ねてしまうことになり、不合理をきたす。

セミコロンは変貌を遂げた。18世紀末までは休止の記号だった。19世紀初頭には、文法家がこの休止を「文の区切りを明確化する手段」と説明するようになる。句読法はもっぱら文法に付き従うものであって、韻律的・音楽的な特徴は副次的だとされた。19世紀半ばには、新世代の文法家に導かれながら、文法は自然科学のモデルにそろりそろりと近づいていた。その規則は英語の観察から導出され、児童生徒に教えられた。その際、子どもにも同様の観察を行わせ、一般性の高い結論を規則の形で導き出させる演習が行われたのだ。

個別の事例から普遍的な法則を導くこのプロセスは「帰納」と呼ばれる。科学に倣った帰納法へと移行していく状況を前にして、19世紀半ばの文法家は句読点を自身の規則書の中でどう位置づけるべきか決めかねていた。句読法というのは、言葉を適切に書き表す方法を研究する正書法の一部だろうか？　言葉の響きを扱う韻律学の一部だろうか？　あるいは言葉の組み立て方を研究する統語論の下に収まるのだろうか？　この問題は活発な議論を呼んだ。仮に句読法が韻律学の一部なのだとして、適切な科学的帰納法を用いてそれを教えたりなどできるだろうか。句読点が創り出す豊かで繊細で限りなく多様なリズムをもとにして、そこから生徒が帰納的に規則を導き出すだなんて、ほとんど無茶な話ではないか！

句読点の適切な分類を考えあぐね、その解説を規則書から丸ごと省いた文法家もいた。経験的な言語科学に相応しい規則を作るという課題に正面切って取り組むことを避けたわけだ。しかしながら、句読法のルールをちゃんと載せていた19世紀半ばのガイドでも、セミコロンの使いどころは数多く認められていた。ジョージ・ペイン・クワッケンボスの『英文典』（1862年）はセミコロンの用法を4パターン示しており、項目の列挙を始める際の目印としてもセミコロンを使用するよう指示している（現代ならコロンを使うところだが）〔図1〕。

264　THE SEMICOLON.

696. *Rule I.*—A semicolon must be placed between the members of compound sentences, unless the connection is exceedingly close; as "The wheel of fortune is ever turning; who can say, 'I shall be uppermost to-morrow'?"

If the members are very short, and the connection is close, the comma may be used in stead of the semicolon; as, "Man proposes, but God disposes."

697. *Rule II.*—A semicolon must be placed between the great divisions of sentences, when minor divisions occur that are separated by commas; as, "Plato called beauty a privilege of nature; Theocritus, a delightful prejudice."

698. *Rule III.*—A semicolon must be placed before an enumeration of particulars, when the names of the objects merely are given, without any formal introductory words; as, "There are three cases; the nominative, the possessive, and the objective."

699. *Rule IV.*—A semicolon must be placed before *as*, when it introduces an example; as at the close of the last paragraph.

図1　クワッケンボスによるセミコロンの規則★1

★1　訳注：列挙開始の目印としての用法は698. 規則IIIで、挙げられている例文は「英文法の格は以下の3通り; 主格、所有格、そして目的格」という内容。

今日の表記ガイドはどれも、主節と従属節の接続にセミコロンを使わないことを勧めている。つまり、セミコロンが結ぶ前半と後半は文法的に自立し、やろうと思えばどちらも完全な文にできることが求められる。ところが19世紀当時の文法家の大多数は、主節と従属節をセミコロンでつないでもまったく構わないと考えていた。書き手自身に違和感がないのであれば、お節介は無用だったわけだ。しかし文法家が論理学、自然科学、帰納法にどんどん傾倒していくにつれ、句読点は韻律や個人の好みから切り離されていった。そして1880年代になると、話すときの間(ま)に類するものであって句読点を打つべきではない「修辞的休止」と；文の構造的・論理的性質を明確化するために句読点が必要とされる「文法的休止」が分けて考えられるようになった。★2

文法の自然科学化を拒否する者も少数ながら存在した。例えばW・C・ファウラー★3は修辞的休止の箇所で句読点を打つことを擁護し、1881年に出た彼の文法書ではセミコロンで主節と従属節を結ぶ用法が依然として許容されていた。しかし本人も認めるように、ファウラーの考え方はそれこそ例外的なものだった。当時の文法家はセミコロンをまるで取扱注意の劇薬のように見なしていたのだから。基本的に、独立する節同士の接続や、コンマによる区切りが入るほど長い項目を列挙する場合に限り、セミコロンがいわば「処方」されたのだ。カリフォルニア州教育委員会は1888年に発表した句読点に関する報告書の中で注意喚起

★2　訳注：この文はセミコロンによって修辞的休止を実演してみせている。
★3　訳注：先ほど紹介された有名なH・W・ファウラーとは別人。

を行ない、同州の授業で扱うセミコロンの用法は「ただひとつ」であって、コンマが使われている文に区切りを入れる用法のみとしている。句読点を文章における音楽的要素と捉えたロバート・ラウスから、論理に基づく厳密な規則を掲げたこの報告書にいたるまで、130年が経過していた。その間（かん）、セミコロンの機能はどんどん削ぎ落とされ、最終的に1つか2つ程度になってしまったのだ。

すでに見たように、当時の西洋世界には、自然科学的な知のあり方をほかの研究スタイルよりも重要視するという大きな文化的・美的風潮があり、文法書もその一部をなしていた。セミコロンの用法が絞り込まれたのはこの要因によるところが大きい。その圧力に押され、文法家は科学の教科書で採用されている理想化や定式化にしっくりなじむような句読法の体系を考案したわけである。数々のルール、「真」だの「本物」だの「改良版」だのと銘打った文法書、自然科学にすり寄った文法書の溢れた世紀——そのおかげで、科学的原理が満載の文法書に囲まれて育った何世代もの英語話者たちは果たしてどこに行き着いただろうか。ほかでもない、混乱の中に、というのが識者たちの答えだ。1899年、ある新聞の社説は次のように問いかけた。「なぜセミコロンではなくコンマが；ピリオドではなくセミコロンが；ピリオドではなくコロンが打たれているか、その理由を言える人など一体どこにいるだろう」と。「それでも句読点の科学には数理科学に迫るほどの確定性があり、ごくわずかな例外を除けば、打たれた句読点のすべてに根拠を示すことができるのだ」　しかし、規則が確たるものでもその適用の仕方はひどく多様で、人は往々にしてその不一致に生涯煩わされ続けた。『ボストン・デイリー・グローブ』紙は陰鬱な調子でこう呟いている。

> 子供時代の最初期から、つまりミミズがのたくったような練習帳を卒業して不安定な手が次第に文字の体(てい)をなすものを書けるようになった時期からというもの、どんな文の中でも必ずどこかで使わねばならない古代の暗号めいた小さな印に行く手を阻まれ、悩まされ、一生ずっと問題を抱え続ける。さらには死んだ後でさえ、セミコロンにすべき箇所で不注意によりコンマを使っていたりすれば、相続人たちが罵り合って裁判沙汰などということになりかねない。

『グローブ』紙が句読点をめぐる法廷闘争の恐怖を煽ったのにはちゃんとわけがある。句読点の使い方には規則があるという考え方が出てきたことにより、当時すでに裁判制度が混乱し始めていたのだ。もはや裁判官と陪審員が協議すべきは法律の文言だけでなく、その文言を区切る記号も対象となったのである。別の識者も『インディアナポリス・ジャーナル』で同様の見方を示した。セミコロンが条文に曖昧性を生んでしまい「法に混乱をもたらした」判例を４件挙げ、その混乱は「セミコロンの機能の確定できなさ」によるものだとしている。かつての文法書は句読点を読むときの間(ま)と見なして決まりを作っていた。「句読点の打ち方のルール作成をその段階でやめていれば、こうした混乱もなかったはずなのに、長年にわたって先生方(がた)が新たなルールを際限なく作り続けた結果、もはや誰も順守することなどできず、みな句読点は好みに従って使っているだけで、ルールを熟知した上での使用ではない」 規則が役に立たないと感じた大衆は大騒ぎで流れに逆行し、行き当たりばったりに句読点を打つようになったわけだ。この論者いわく、したがって、裁判所は句読点の規定をこの機会にきっちり明確化する法的文書を作成するか、そうでなければ判決では句読点を完全に無視すると決定すべきである。

ただ、同氏はつゆほども知らずにいたようだが、アメリカの司法は歴史ある英国の判例に倣って後者の方法をすでに試していた。実際にマサチューセッツ州最高裁判所は「句読点は法に関与しない」という判決を出していたのだ。しかし「正義の女神はその目隠しで句読点も見ぬようにすべき」と断言する試みはあまりにも楽観的で、法が対処を迫られた解釈上の問題を消し去ることはできなかった。それでも法は句読点による問題を何とか回避できるはず――その最後の淡い期待も、東海岸に伸びる廊下[★4]でセミコロンが大騒ぎを起こすと窓の外へ消えていった。マサチューセッツ州の衝撃的な裁判が、法廷でも、議会でも、そして街中でも、実に6年に及ぶ大論争を巻き起こしたのである。

★4　訳注：ワシントンD.C.からボストンにかけての人口密集地帯は「北東回廊」(Northeast Corridor)と呼ばれる。

◆ 4章

ゆるい条文と自制心

句読点ひとつでボストン[★1]中が大混乱

1900年11月下旬のことである。マサチューセッツ州フォールリバー[★2]の街中でちょっとした揉め事が起きた。「つまらない些細な口論の類いだったが――」と『シカゴ・トリビューン』紙は記す。「極めて重大かつ広大な影響を及ぼすにいたっている」 ことの発端はまるで陳腐なジョークのようだ[★3]。午後11時10分、ある男がバーに入り、席に着いて酒を注文した。この客がライバルホテルのバーの常連と知っていた店主は、嫌がらせをしてやることにした。なじみの客の注文は受けつけながら、その客には酒の提供を断ったのだ。まったくもって理性的なアメリカ人は寝る前の一杯を拒否されたときにどう応じるかというと……そう、訴えてやる！というやつだ。そして有言実行、翌日には弁護士を雇った。「その弁護士が古い法令の埃を払ったところ、セミコロンが見つかった――壊滅的なほどに危険なセミコロンである。渦中のフォールリバー市民にしてみれば、これがコンマであればまったく害はなかっただろうが、残念ながらそうではなかった」

弁護士が掘り起こした法令にはこう記されていた。「夜

★1 訳注：マサチューセッツ州東部の州都。転じて、同州全体を意味することもある。

★2 訳注：マサチューセッツ州南東部の都市。

★3 訳注：「○○がバーに入ると……」という表現は英語のジョークの古典的な導入パターン。

11時から朝6時までの間においては酒類の販売を認めない；これは安息日にも及ぶが，ただし販売免許保有者が宿泊施設の免許も有する場合，食事ならびに宿泊のために施設を利用する客への酒類提供はその限りでない」　弁護士はセミコロンまでの箇所を指して、例のバーの店主が夜11時から朝6時まで酒を提供できないようにすべく、禁止命令を請求した。地裁はこの請求を認め、それを受けて店主側はマサチューセッツ州最高裁判所に上訴した。

　最高裁の裁判官たちを前にして、店主側の弁護士はこう主張した。条文中のセミコロンは「実際はコンマを意図したもので、そう解釈すべき」である。すると当該のバーはホテルの内部にあるため、除外規定の対象となるはずだ。このセミコロンをコンマとして解釈すれば、宿泊施設を除外する規定は条文の**全体**に適用されるのだから、と。この主張を補強する事実として、弁護士はさらにこう指摘した。同法が初めて可決された1875年のバージョンでは、問題の箇所で現にセミコロンではなくコンマが使われているではないか〔p. 54〕。もともと使われていたコンマは、1880年に数年分のマサチューセッツ州法が一巻に統合された際、セミコロンに置き換わったのだった〔p. 55〕。この一本化された条文は1881年に州議会に提出され、セミコロンが打たれた状態で制定された。だが、羊皮紙に書かれた1875年のオリジナル版には明確にコンマが用いられていることに鑑みると、この大騒動は単なる転記ミスにすぎないとバー店主側の弁護士は言い張った。

　しかし、さらに深掘りしていくと、統合版の転記者が犯人というわけではないことが判明した。統合版の条文を書き写したのはチャールズ・H・アレン判事で、『ボスト

オリジナルの条文（1875年）

That no sale of spirituous or intoxicating liquor shall be made between the hours of 11 at night and 6 in the morning, nor during the Lord's day, except that if the licensee is also licensed as an Innholder he may supply such liquor to guests who have resorted to his house for food and lodging.

夜11時から朝6時までの間において，及び安息日には酒類の販売を認めないが，ただし販売免許保有者が宿泊施設の免許も有する場合，食事ならびに宿泊のために施設を利用する客への酒類提供はその限りでない。

ン・デイリー・グローブ』紙によると同氏は「この一件をかなり楽しんでいる様子」だった。さて、このアレン判事はオリジナルから直接ではなく、その写しを転記していた。つまり判事の手による条文は「写しの写し」であり、セミコロンが紛れ込んだのは、判事が参照した写しを作成した詳細不明の人物が原因だったのだ。とはいえアレン判事が条文に一切手を加えなかったというわけではない。『グローブ』紙の指摘によると、転記作業を行った者たちは条文をいじったことを公然と認めている。「担当委員らによる改訂版の序文で明確にこう述べられている……数か所で言い回しを変更しているが、委員側には法を改変する意図はなく、受け取った趣旨を表記したつもりである、と」

転記時に受け取った「趣旨」と現在の「表記」、その乖離をどう解決するかは1900年のマサチューセッツ州最高裁に委ねられた。厄介なことに、判断の根拠として過去の

「セミコロン版」の条文（1880年）

That no sale of spirituous or intoxicating liquor shall be made between the hours of 11 at night and 6 in the morning; nor during the Lord's day, except that if the licensee is also licensed as an Innholder he may supply such liquor to guests who have resorted to his house for food and lodging.

夜11時から朝6時までの間においては酒類の販売を認めない；これは安息日にも及ぶが，ただし販売免許保有者が宿泊施設の免許も有する場合，食事ならびに宿泊のために施設を利用する客への酒類提供はその限りでない。★4

判例を利用しようにも、互いに真っ向から食い違う判決が存在していた。ある判例は、句読点が法の意味に「光を当てる」ものである限りにおいて、条文内の句読点に決定能力を認めている。その一方で、句読点を完全に無視することを支持する判例もあった。過去の裁定で州の最高裁は「句読点には目を向けないで構わない」という判決を下していたのだ。

不吉なセミコロンがマサチューセッツ州で頭をもたげる何年も前に、合衆国最高裁判所も句読点についてガッツリ見解を出していた。ただし争点は、自分が酔うための贅沢品ではなく家畜の生活費である。ある晩のこと、農場の豚

★4　訳注：オリジナル版では除外規定が前半にも適用されるため平日深夜も酒の提供が可能になる余地があるが、セミコロン版だと前半は端的に禁止され、条件付きで提供が認められるのは安息日、つまり日曜のみとなる。

小屋から何匹かが逃げ出した。それを近所の人が見つけ、数日にわたって餌を与え世話をしたところ、その飼育費を豚の飼い主が支払う法的義務があるかどうかをめぐって両者の間でトラブルが生じた。そして、その裁判では条文中のコンマが重要な役割を担った。「もとはと言えばこの争いは――」と『ボストン・デイリー・グローブ』紙は述べる。「ある晩、10匹のブタが快適で落ち着いた小屋から言葉の荒野に迷い込み、副詞とコンマに絡め取られてしまったことが原因だ」 合衆国最高裁が下した結論は理念としては穏当だが、実践するにはひどく漠然としている。「句読点は法解釈のプロセスを補助するものとしては認められるが、法の意味を決定はしない」

例の酒類法裁判の判決は、この摑み所のない方針をできる限りとらえたものだった。マサチューセッツ州最高裁は全員一致でセミコロンを支持した。根拠のひとつは「回数」である。オリジナルの条文もコンマが付いた状態で議会を通過してはいるが、その後セミコロンに置き換わったものが州議会に認められて繰り返し成立している。セミコロンは長年にわたって何度も投票をくぐり抜けてきたが、コンマは一度しか通過していないというわけだ。さらに、同法の最新版に付された表題もセミコロンから読み取れる解釈と調和するように思われた。なにしろ「夜11時から朝6時までの間における酒類の販売を禁ずる法」である。この点でも法廷はオリジナル版から離れることになった。もともと酒類法にそんな表題などなかったのだ。

この新たに発掘された法に基づき、警察は直ちに取り締まりを開始するよう命じられた。大混乱(カオス)がボストンを襲った。大衆は怒り狂い、ホテル経営者は怒り狂い、酒類業者は怒り狂った。酒類販売の関係者はあっという間に結集し、州議会が再開されたら即座に法改正を訴えられるよう準備を整えた。そういうわけで、「セミコロン法」の名で広く知られるようになった酒類法に対する修正案がマサチューセッツ州上院に提出された。1901年4月のことである。サフォーク郡選出のフィッツジェラルド議員は修正に賛成し、「このたび提出された法案は、制定当初の内容にできる限り近づける性格のもの」だと主張した。ところが同郡選出のハウランド議員は、最高裁が立法府の意図を見極めるために表題に目を向けたことを妥当と評価し、修正案に反対した。他方、ミドルセックス郡選出のハントレス議員からすれば、立法府の意図どうこうなんて知ったこっちゃない。問うべきは修正案がセミコロン法よりも「地域全体の一般福祉にとって善」となるか否かであって、そうなってはいないと考えた。採決が行われ、修正案は反対21票・賛成10票で否決された。あのセミコロンは有効として残ったのである。

マサチューセッツ州が苦しむ様子は全国的に注目を集め始めた。『ワシントン・ポスト』紙の解説者はボストンの様子を現地取材し、皮肉っぽくこう記した。今やセミコロン法は「「共通の福祉（コモンウェルス）」を冠する州[★5]から聞こえる大きな泣き喚（わめ）きと歯軋（ぎし）り[★6]によって全米の知るところとなっている」ボストンの人々は「はみ出し者のコンマやセミコロン」に頭を下げて従う気はまったくなく、積極思考の酒呑みたち

★5　訳注：アメリカの行政区画である「州」は基本的にStateと呼ばれるが、マサチューセッツをはじめとする4つの州に限ってはCommonwealthを公式名称としている。

★6　訳注：新約聖書「マタイによる福音書」13章42節に基づく言い回し。

はすぐにセミコロン法に抜け穴を発見した。23時以降に酒を売ってもらえないなら、タイムリミットまでになるべく大量に買っておけば良いじゃないか。だって23時以降に酒を飲むことを禁止するとはどこにも書いてないんだから。これによって酒の購入は一種のスポーツと化した。1秒でも早く店に駆け込んで席を確保、そして「メニューにあるワインを片っ端から注文」することを試み、一晩中不足しないように備えたのである。無謀にも夕食前に劇場にでも寄ろうものなら、可哀想に、ショーが終わってから酒場で空席を見つけるなど不可能に近い——もし何とか席が見つかったとしても、そんな悠長な客はノンアルコールの「節制ドリンク」で我慢するしかなかった。時すでに遅し、店中の酒はすべて売り切れてしまって、開店と同時にやってきたガツガツした酒呑みたちの喉を下っているところなのだから。

『ワシントン・ポスト』紙の記者は「禁止されると我慢できずに求めてしまう、それが人間の不思議な弱点である」と、わけ知り顔で評している。夜11時以降は酒を注文できない恐れがあると一体どうなるか。「溢れるほど大量に酒がある町に暮らしていながらも節度を守る、それどころか禁欲する、そんな性格の人であっても——11時を過ぎてボストンを訪れるとアルコール依存症さながらに変貌してしまう。というのはつまり、飲めないと分かった途端、酒を手に入れるためなら人殺し以外は何だってやりかねない心理になるのだ」 そして、毎週土曜の晩になるとニューイングランド[★7]全体が「まるで7月4日のお祭り騒ぎ[★8]のような様相を呈する」と付け加えている。同地域を走る通勤列車には座るゆとりなど一切なく、ありとあらゆる酔っ払いですし詰め状態になった。「禁欲で知られた清教徒(ピューリタン)も★9――」と同紙は結んでいる。「当世の暮らしぶりは酔いの喜びから完全に無縁とは言えないようだ」

だが、アルコール満タンの独立記念日よろしく週末にドンチャン騒ぎするだけでは満足できず、セミコロン法反対派は引き続き法改正を激しく求めた。擁護派は擁護派で、マサチューセッツの狂騒はアルコールに悪影響があることの動かぬ証拠だと指摘。酒の販売時間が短縮されたボストンですらこんな騒ぎなのだから、無制限に入手できるようになれば一体どれほど深みにはまっていくことか。セミコロン法をめぐる両陣営の間で騒々しい言い争いが続いた。この状況はある句読点にとって本領発揮の願ってもない機会だった――感嘆符である。それもそのはず、セミコロン法は「人が生み出したものの中で最も暴言を誘発する存在」だったのだから。

マサチューセッツの人々がビックリマーク付きで罵声を浴びせ合ったことに押されて、州議会は酒類法の検討委員会を起ち上げげた。1904年、同委員会は宿の経営者に対し、深夜0時までの酒類提供は認めるが、「セミコロン法が発掘される前のように一晩中酒を売る」というのは認めないとする改正案を提示した。この改正が実施されれば、セミコロンではなくコンマが使われていた1875年版の条文の内容に立ち戻ることになる。熱のこもった賛否両論が交わ

★7　訳注：マサチューセッツをはじめとする6つの州からなる米国北東部の地域。

★8　訳注：アメリカ独立記念日のこと。各種イベントが開催され、大々的に祝われる。

★9　訳注：ボストンは17世紀に英国から渡ってきたピューリタンが造った都市。

された。セイラム選出のデイヴィス議員は「もし下院の議員がみんな酒の勢いで投票すれば、［セミコロン法の廃止案は］大差で可決されるだろう」と言い放った。しかしながら、案は否決された。賛成57票・反対132票だった。

これで決着かというと、まったくそんなことはなかった。1905年2月、酒類法検討委員会は「セミコロンの敵と味方」を招集して議論を行った。歴史上この後にも先にも見られることだが、男たちは会議室に集まって机を囲み、「女性が何かしら自由の味を（この場合は酒を）知ると、品位のレールから脱線してしまうのでは」と懸念を示した。議論は一日中続き、どんどん極端になっていった。バプテスト派の牧師は、「酒の売人」がアルコール提供の1時間延長を認められれば、「何十人、何百人、いやいや千人に迫る規模で、若い女性が一段と堕落することになります」と証言した。この見解にいたったのは、上等でないホテルやダンスホールに自ら足を運んだ経験に基づくもので——「いや、そのね、いかがわしい施設に行ったのは純粋に「人道的な立場」からですよ」と、牧師は慌てて付け足した。彼に続いて、マサチューセッツ州ホテル協会、ワイン・スピリッツ販売協会、ビール製造業協会の代理人が反対意見を述べた。「我々はあと1時間だけ長く宿泊客に酒を提供させていただきたいだけなんです。なにもセミコロン法を廃止しろとは言っていません。公聴会ではセミコロンのセの字も出てこないことを願っています。句読点の変更を要求してるんじゃないんですよ。ただ単に1時間の延長をお願いしたいんです」 禁酒支持者のB・B・ジョンソンは逆に1時間の短縮を支持した。酒の提供終了時間を早めて酔っ払いを減らしたグラスゴーの法[★10]を引き合いに出し、酒の販売許可はセミコロン法が定める23時まででではなく22時までにしてはどうかと言ったのだ。締め付けを今以上に厳しくする新提案にホテル協会の弁護人は怒り狂い、「酒の販売自体には賛成ってことか？」と詰問した。ジョンソンは「解毒剤として必要な場合に限ります」と殊勝な様子で返答している。

長年にわたる戦いの末、ついに州議会は修正案を可決。それに伴って1906年12月11日、住民投票にかけられた。マサチューセッツの市民はこれを承認。この結果に喜んだボストン市長のジョン・F・フィッツジェラルド[★11]は、修正法を「良識と進歩性」が「地域特有の偏狭」に打ち勝った証しだとした。良識にせよ何にせよ、酒類法の緩和でマサチューセッツの人々の飲酒習慣が目に見えて変わったかというと、それは定かではない。『ニューヨーク・サン』紙は、修正法が施行された日の夜、延長された1時間を楽しむ人はほとんど見受けられなかったと失笑している。

★10　訳注：1853年可決のフォーブズ・マッケンジー法（Forbes MacKenzie Act）のことだと思われる。

★11　その口の上手さと甘い歌声から「ハニー・フィッツ」と呼ばれたフィッツジェラルド市長は、後のアメリカ大統領ジョン・F・ケネディの母方の祖父である。なお、父方の家系も酒類に関係がある。ケネディ大統領の父、ジョセフ・ケネディはスコッチウィスキー販売を取り仕切って一儲けしたのだ。

　フィッツジェラルド市長にあやかってハニー・フィッツという名が付いたカクテルも存在する。ダイキリの一種で、これは孫のケネディ大統領も好んで飲んだ。試してみたい方のためにレシピを紹介すると、熟成ラム酒40ml、ハニーシロップ20ml、フレッシュグレープフルーツジュース20ml、ペイショーズビターズ2ml、それに氷を入れてシェイクする。次章では条文の句読点がなんとも凄惨な展開を見せるので、このまま読み進めるならダブルで飲んでおいた方がいい。

> ついに「縛り」が解かれた。ボストンは「賑やか」になるはずだった。ニューヨークと悪魔が楽しみを独占する状況はもう終わり……とこしえに若く美しいディオニュソスは美術館を飛び出し、虎の背に乗って酒場をあちこち巡るはずだった[★12]……思索の家は歓楽の宮になるはずだった……［だが］ボストンの人々は制限下の方が幸せなのだ。

どうやら『ワシントン・ポスト』紙の皮肉な解説者は正しかったらしい。酒がなかなか簡単にはゲットできない相手でいてくれた方が大衆としては楽しかったわけだ。とはいえ、法改正後にアルコールの消費が目に見えて増加はしなかったにせよ、マサチューセッツのホテル経営者らは祝賀してしかるべきだと感じた。1909年11月の晩餐会でケープコッド選出の元上院議員W・A・モースはこう述べている。前回参加した時は「協会員の皆さんが州法の表現上のミスに苦しめられていましたが、もはやコンマもセミコロンも悩みの種ではありません」

ボストンの酒類関係者の悩みは一段落したかもしれないが、法制度の側はその後も句読点に悩まされ続け――今日にいたる。

★12　訳注：ディオニュソスはギリシャ神話の酒神（別名バッコス）。虎はディオニュソスが従える獣のひとつ。

POWER OF POINTS	点の威力
Punctuation That Upset Work of Solons.	句読点が立法府をかき乱す★13
Comma or Semicolon Has Spoiled the Statutes.	コンマかセミコロンか法が破綻
Legal Decisions That Have Settled Colons.	コロンを支持する法的判断
Massachusetts and Ohio Cases Noted.	マサチューセッツとオハイオの訴訟　注目集める
Baltimore Man Failed to Pay a Bill with a Semicolon.	ボルティモアの男性セミコロンつき勘定を支払わず

句読点の関わる事件を報じる記事の見出し

★13　訳注：本書冒頭の題辞、3章終盤の引用（p. 50）、本章の豚の飼育費裁判に関する記述の出典となった記事。

5章

解釈に伴う偏見と慈悲

前章で見たセミコロン法は「解釈」と「意図」の厄介な問題を浮上させ、いまだ変わらず司法を悩ませている。同訴訟と格闘したマサチューセッツ州最高裁はせめぎ合うふたつの原理を比較考量したが、21世紀の法的思考というのも、句読点に関しては所詮その緊張関係を多少詳しく言い直したものに過ぎないようだ。2010年に発表されたアメリカ合衆国における法解釈の手引きは「現代の法廷は文法ならびに句読点が意味を明確化することが多々あると認識している」と認める。しかし条文の「真の意味」を判断するにあたって「法廷は句読点を優先することに……依然として消極的」である――それもそのはず、何世紀もの歴史を誇る英国法が「句読点は条文の一部ではない」と断言しており、それを援用する判例が大量に存在するのだから。この由緒ある法解釈原理に則って、合衆国最高裁判所は「句読点は文章を解釈する上で最も信頼できない基準である」などと判示している。さらに思い切って、「句読点は英語の一部ではない」という見解を示した裁判まで存在する。

句読点はこれによるといままさに皆さんが目にしているこの文章の一部ですらないということになってしまうのでそんなこととんでもなくおかしいというふうに思われるかもしれないけれども少しばかり考えてみればどうしてそのような考え方が出てきたのかわかることだろうただのひとつも句読点のない文章を読んでそれを理解することができ

るということそれは確かであるもちろん読むのはどうしてもゆっくりになるしかなりいらいらするけれどもともかくここで私が言いたいことはよおくわかっていただけるのではないだろうかというか句読点が解釈を決定するようなことはいやそれどころかそうしうるようなことといってもいいがそういうケースはほんのごく一部に限られているのだ。[★1]もちろん法廷速記者が口頭証言を書き起こしたものであれば、発言内容を理解しようとする際に句読点を無視するのも理にかなっているかもしれない。だがそうだとしても、先ほど引用したガイドラインはあまり合理的なものではない。ひとつとして、少なくとも一部の句読点は単語を略記したものだと考えられるという点がある。[★2]例えば私がflour, eggs and milk（小麦粉，卵と牛乳）を買ってきてほしいと頼んだとすると、この flour の後ろのコンマは実質的に and という語と同じである。このコンマと単語に何かステータスの違いがあるかというと、はっきりしない。というわけで結局、すべては文章の「真の意味」を考える（一人または複数の）人物がどう判断するか次第なわけだ。法学は自らのことを厳密な学問分野だというつもりでいる

★1　マーク・トウェインは句読点の打ち方に干渉されない権利にこだわっていたことで有名だが、伝えられるところによると、慣習から逸脱しがちな自身の表記に批判が相次ぐことにうんざりして、とある文章を発表した。その本文からは句読点が一切排され、代わりに下段にコンマやセミコロンなどの記号が並び、私の判断が当てにならないのは明白なので読み手の側で好きなところに句読点を打ってほしいと書き添えられていたという（詳細については資料によってまちまちで、書簡だとか短編小説だとか諸説ある。トウェインの文章でこれに該当するものを私はまだ発見できていない）。

★2　訳注：したがって句読点と単語を明確に分けることはできず、両者の区別を前提として句読点だけを無視するという方針は妥当とは言えないということ。

が、それにしては何とも曖昧模糊とした基準ではないだろうか。

句読点は「英語の一部」ではないと簡単に切り捨てられるとは限らないのだから、ちっぽけな記号ひとつをめぐって争うような裁判が日常的に起きているのもまったく不思議ではない。オハイオ州では、コンマが抜けていたおかげで駐車違反の切符を切られずに済んだ女性がいる。フィリピンでは、「上訴側が呪物崇拝（フェティシズム）まがい[★3]の執着を持っているセミコロン」を裁判所は考慮しないこととし、市長選挙の結果が無効となった[★4]。この手の裁判はどこにでも転がっていて大した値打ちはない。しかしその代償は時として極めて高くつき、違反切符や23時以降の酒規制、いや選挙の無効ですら可愛く思えてしまう。句読点のせいで命を失った者がいるのである。

1916年8月3日未明、大英帝国の元外交官ロジャー・ケイスメント卿は反逆罪で絞首刑に処せられた。逮捕からたった4ヶ月での死刑執行である。彼はアイルランド共和主義者による復活祭（イースター）蜂起[★5]の画策を幇助した罪に問われていた。しかしケイスメントは義勇軍の指導者たちと直接の接触はしていない。ドイツ軍の潜水艦Uボートから小舟に乗り換え、バリーハイグ・ベイ[★6]に上陸した後まもなく逮捕となったのだ。実は、ケイスメントが独立運動を画策したの

★3 細かい点にハァハァと欲情するのは勘弁して！

★4 訳注：当選者は被選挙権の要件である年齢を満たしていなかったという訴えがあったが、同氏は規定の中で使われているセミコロンを根拠に、年齢は選挙時ではなく就任時の要件だと反論した。

★5 訳注：アイルランドの独立を目指して1916年4月、イースターの時期にダブリンで生じた武装蜂起。

★6 訳注：アイルランド南西部マンスター地方のケリー県にある。

はドイツの地であり、ドイツの支援を受けてのこと[★7]である。1914年、外交官を引退しナイトの爵位を授けられた3年後、彼はリンブルク・アン・デア・ラーン[★8]の収容所を訪ね、「ドイツの支援を受けてイギリスの統治に対抗しよう」と言ってアイルランド人捕虜たちの説得を試みたのだそうだ。

裁判では、ケイスメントの共謀が成立したのはドイツにおいてだったという点が、弁護側の訴えにとって決定的に重要だった。起訴状にも、ケイスメントのドイツ内での行いを反逆罪として訴えると明記されていた——なにしろイギリス自治領のケリー県に上陸してまだ何もしないうちに逮捕されたのだ——そのため、ケイスメントの弁護を担当した上級法廷弁護士A・M・サリヴァンは、反逆罪の適用対象にはならないと論じた。起訴の根拠とされた1351年の反逆法の一部は次のような文言になっていた[★9]。

> if a Man do levy War against our Lord the King in his Realm, or **be adherent to the King's Enemies in his Realm**, giving to them Aid and Comfort in the Realm, **or elsewhere**, and thereof be probably attainted of open Deed by the People of their Condition: ..., and if a Man slae the Chancellor, Treasurer, or the King's Justices of the one Bench or the other, Justices in Eyre, or Justices of Assise, and all other Justices assigned to

★7　訳注：逆にいうと、敵国ドイツとの関係はあくまで間接的なものにとどまり、寝返って敵軍に合流するなどしたわけではない。

★8　訳注：ドイツ中西部ヘッセン州にある市。

★9　訳注：有罪とする法的根拠が乏しい中で、何百年も前の古い法律が持ち出された。

hear and determine, being in their Places, doing their Offices: And it is to be understood, that in the Cases above rehearsed, that ought to be judged Treason which extends to our Lord the King, and his Royal Majesty:★10
…
国王ニ対シ其ノ領地内ニテ挙兵シ，若シクハ**領地内ニテ国王ノ敵ニ加担シ**，援助及ビ便宜ヲ図リ，**若シクハ他ノ場所ニ於イテ**，階級ノ等シキ人民ヨリ顕示行為ノ罪ガ認メラレシ場合：……或イハ大法官，大蔵卿，王座部等ノ裁判官，巡察裁判官，巡回裁判官，其ノ他，審理シ裁定スベク任命セラレタ裁判官ヲ執政中ニ殺害セシ場合：上記ニ該当シタル者ハ国王及ビ王家ニ対スル反逆罪ト判断ス：……

検察側によると、ケイスメントがドイツにいる間、英国王室の敵に「援助及ビ便宜」を図っていたことは明らかであり、したがって「他ノ場所ニ於イテ」王室の敵に加担したという点で反逆法に触れることになる。ところがサリヴァン弁護士は、被告人は反逆罪を犯してはいないと主張した。サリヴァンの解釈では、同罪の成立には被告が「其ノ領地」、すなわちイギリスにいるときに国王の敵に「加担」したという要件を満たしている必要がある。何が言いたいかというと、起訴状はケイスメントがドイツの領土内で敵に援助を図ったことしか訴えておらず、それだけでは

★10 訳注：本文中のprobablyはprovably（証明可能）という意味で、slaeとAssiseは現代的な表記ではslay, Assizeになる。なおこの英文自体も翻訳を経たもので、後述のように原典は古いフランス語で書かれていた。

反逆法に抵触しないということである。

英国検察はこう反論した。or elsewhere（若シクハ他ノ場所ニ於イテ）の前にコンマがあることが弁護側の訴えにとっては致命的だろう。だって or elsewhere は単純に be adherent to the King's Enemies（国王ノ敵ニ加担シ）という部分にかかってるんじゃないのか、と。サリヴァンはこの説にすぐさま反撃。原文には句読点などありませんと述べた上で、そもそも判例が「法律を解釈する際に句読点は見ないものとする」と断定していることに注意を促した。句読点さえ無かりせば、サリヴァンの法解釈はまったくもって筋の通ったものだった。しかしそれでも判事は検察側の肩を持ったため、サリヴァンは第2審で主張を繰り返すことを余儀なくされた。

2審に入るまではサリヴァンはスムーズに議論を展開しているように思えたが、そこに突如ダーリング判事が割って入った。判事は反逆法の原典が収められたノルマン・フランス語[★11]の制定法記録を同僚と見に行き、「その文言と句読点をじっくり観察」してきたと述べたのだ。それまでずっと14世紀の条文には句読点が使われていないものと思われていたため、判事のこの発言は少なからぬ動揺を呼んだ。判事は続けてこう説明した。この「句読点」というのは横断線[★12]であり、原文ではその線が議論になったコンマと同じ位置に入っている[★13]。これは英国検察が汲み取った解

★11　訳注：1066年のノルマン征服（Norman Conquest）により英国で使用されるようになったフランス語方言。

★12　ダーリング判事が言っているのはウィルギュラ・ススペンシウァ（停止斜線）のことだと思われる。これはコンマの代用としても使われたが、反逆法がしたためられた当時は、より大雑把に「間を置く」記号でもあった。

釈が原典の意図と一致していることの証左にほかならないとダーリング判事は結論づけた。

この理屈は色々な意味で疑わしいものだったが、サリヴァン弁護士はおそらく最も合理的であろう論拠に基づいて反撃することにした。オリジナルの条文に句読点があるかどうかは本件には一切関係がない。裁判所は従来、句読点は判決を左右しないという趣旨の見解を繰り返し示してきたではないか。堅実な反論だったが、にもかかわらず裁判官たちは当初の有罪判決を支持した。といった次第でロジャー・ケイスメント卿はこう言われるようになった。「コンマに首を吊るされた」（hanged on a comma）[★14]と[★15]。

句読点は西洋の司法を混乱させてきたが、それは何かしらの句読点が使われているためとは限らず、逆にすっぽり抜けていることが原因というパターンもある。かつて、世界恐慌に突入する間際のアメリカで、胸が張り裂けそうになるひとつの裁判が行われた。これは、セミコロンが無いことで問題が生じうるということを痛いほど分からせてくれる[★16]――。1927年、ニュージャージー州でふたりの男に殺人罪の判決が下された。陪審が出した評決と判決勧告には次のように書かれていた。

> We find the defendant, Salvatore Merra, guilty of murder in the first degree, and the defendant, Salvatore Rannelli, guilty of murder in the first degree and recommend life imprisonment at hard labor.

★13　判事いわく、フランス語の原文にはもうひとつ印らしきものがあったが、拡大鏡でよく見た結果、ダーリングも同僚も、紙が何百年もずっと畳まれていたことで筋が残ったのだろうと結論づけたという。

> 被告人サルバトーレ・メラを第一級殺人で有罪，及び被告人サルバトーレ・ランネリを第一級殺人で有罪として重労働を伴う終身刑を勧告する。

終身刑の勧告はランネリの部分にしか記されていなかったので、判事はその勧告はランネリのみに適用されるものと解釈した。この理屈で、判事はサルバトーレ・メラの方には殺人の罪で死刑を言い渡した。メラの弁護人（ニュージャージー州の上院議員でもあった）アレグザンダー・シンプソンは土壇場の訴えで、終身刑の勧告が両名ともに適用さ

★14　訳注：コンマひとつで（瑣末な事柄を根拠に）処刑されたという意味だが、前置詞 on を〈根拠〉ではなく〈接触〉の用法で解釈すると、コンマから物理的にぶらさがる形で首吊りにされたとも読める。

★15　上手い言い回しの御多分に漏れず、これは誇張である。たしかに、法廷が出した判決が最も重視したのは、反逆法が過去の多くの判例でコンマのある解釈に基づいて施行されてきたという点だった。しかしながら、コンマの疑義が重大だったことも間違いない。そうでなければ、ダーリング判事は500年以上も前に書かれた反逆法の原典（1351年）をわざわざ拡大鏡で精査したりしなかっただろう。さらに、サリヴァン弁護士が指摘したように、句読点を無視することを支持する判例も存在していたのだから、どちらの判例群を優先するかという選択がなされた上での判決だと思われる。

1審でも2審でも、苦境に立たされたケイスメントに対し、英米の両方から擁護の声が寄せられた。死刑判決は不当であり減刑されてしかるべきと考える人が多かったのだ。これに対してイギリス政府は、ケイスメントの日記からとされる、同性愛者との性体験を綴った文章をリークした。ゲイの男性を擁護する者などいないだろうと見込んでのことだった。悲しいことに、その見込みは正しかった。ケイスメントを擁護する声は小さくなっていったのだ。当該の日記（通称「ブラックダイアリー」）の信憑性には議論があるが、ケイスメント事件のような判例を考察する本章にとってそれ以上に重要となるのは、擁護を遠ざけるのに日記が利用され、それが功を奏したという事実である。

★16　訳注：ただし以下は「セミコロンが使われていれば助かった」という事例ではなく、「もし使われていたら確実に助からなかった」というもの。

れるというのが陪審の意図したところだと論じた――そうでなかったとすれば、陪審はセミコロンを使ってメラの評決とランネリの評決を次のように区切ったはずだ。

> We find the defendant, Salvatore Merra, guilty of murder in the first degree; and the defendant, Salvatore Rannelli, guilty of murder in the first degree and recommend life imprisonment at hard labor.
> 被告人サルバトーレ・メラを第一級殺人で有罪とする；そして被告人サルバトーレ・ランネリは第一級殺人で有罪とし、重労働を伴う終身刑を勧告する。

これに対し検察側は、陪審がメラに関して死刑を意図していたのは明らかだと応じた。

ニュージャージー州上訴裁判所[★17]で審理が行なわれると、裁判官たちは2名を除いて皆一様に死刑判決を支持した。その賛成票から見て取れるのは、メラの命を救えたはずの事実に対し、開いた口が塞がらないほど頑なに目を瞑ったということだ。サミュエル・ケイリッシュ判事は反対意見を述べるなかで、最初に記録された評決は次のように書かれていたと指摘した[★18]。

> We find the defendant Salvatore Merra guilty of murder in the first degree and the defendant Salvatore Rannelli

★17　訳注：ニュージャージー州が設置する最高裁判所の旧称。
★18　訳注：p. 71の引用と比較すると、そこで打たれているコンマはいずれもここでは記されておらず、代わりに and recommend... の前にコンマがある。

> guilty of murder in the first degree, and recommend life imprisonment at hard labor.
> 被告人サルバトーレ・メラは第一級殺人で有罪及び被告人サルバトーレ・ランネリは第一級殺人で有罪、そして重労働を伴う終身刑を勧告する。

しかも評決の後、陪審は個別に意見を確認され、各陪審員は皆こう繰り返している。「私は被告人サルバトーレ・メラを第一級殺人で有罪とし被告人サルバトーレ・ランネリを第一級殺人で有罪とし重労働を伴う終身刑を勧告します」[★19] さらに1審の裁判官も、請願を受け、この評決が記録通りであると認定していた。それなのに、裁判から何ヶ月も経った後になって裁判長は（シンプソン上院議員のセミコロン説を認識して）急遽、評決記録は「陪審が述べた評決を正確に表したものになっていない」と言い張り、評決文を「是正」した。ピリオドを新たに付け加え、and だった部分も We find に書き換えたのだ。

> We find the defendant Salvatore Merra guilty of murder in the first degree. We find the defendant Salvatore Rannelli guilty of murder in the first degree, and recommend life imprisonment at hard labor.
> 被告人サルバトーレ・メラは第一級殺人で有罪とする。被告人サルバトーレ・ランネリを第一級殺人で有罪とし、重労働を伴う終身刑を勧告する。

★19　訳注：個人の発言なので主語が we ではなく I となっており、コンマが一切使われていないのがこれまでの引用との違い。

しかし、終身刑にしておくことには、司法のイタズラにとどまらず、さらなる理屈があった。というのも、ニュージャージー州の陪審員は第一級殺人の判決においては死刑と終身刑のいずれかを明確化することが義務づけられていたのだ。本件の評決が明記しているのは終身刑だけなのだから、両者ともに終身刑が勧告されたということだろう。

ケイリッシュ判事が第1審の判事に対して抱いた軽蔑は反対意見書の中に露骨に現れており、その恐ろしい推論はじっくり考える価値がある。

> 第1審の判事は評決がどういった内容であったか記録していたとは思えないため、オカルト的手法にでも頼ったのだろうというのが唯一可能な推論である。判事はそれによって陪審長が話すイントネーション、その言い淀みや間(ま)を呼び起こし、それにより実際の様子を書き表したのだろう。陪審の評決にそのような形で介入することを（とりわけ人の命に関わる事件において）容認するというのは陪審裁判を受ける権利を著しく侵害するものである。評決の安定性を損なうばかりでなく、罪に問われた市民が裁判官の職権濫用のなすがままになってしまう……このように重箱の隅をつつくような微細な区別に基づいてひとりの人間を死に追いやるなど、私としては気が進まない。

メラの訴えはピラミッド状の司法制度を上へ上へと進んで行き、とうとうアメリカ合衆国最高裁判所ルイス・ブランダイス判事のサマーコテージにたどり着いた。マサチューセッツのオイスターベイ・リバーを見下ろす伝統的なケープコッドスタイルの屋敷[20]に鎮座していたブランダイスは、書類に目を通したものの、誤審令状を出すことは拒否。メラは自身の2歳半の息子を産んだ女性と処刑室からわずか1、2メートルのところで結婚し[21]、その3日後に電気椅子にかけられた。死刑を見届けに集まった「異様なほど大勢」の群衆に向かって――獄中婚で彼の注目には拍車がかかっていた――メラは最後までイタリア語で無実を訴えたが、無駄だった。一連の裁判でメラの処刑を認めた裁判官たちは、もともとの評決の真意がメラの死刑を求めるものだと判断した。かたや反対意見の裁判官はそれと真逆の内容を明晰に読み取っている。この恐ろしい事実を私たちはどう理解すべきだろうか[22]。

★20　訳注：三角の屋根と中央の煙突が特徴のシンプルな一階建ての家で、17世紀ニューイングランド発祥の建築様式。

★21　訳注：婚外子を嫡出子とする目的で行われた。

★22　メラに対する判決が以降のアメリカの裁判で幾度も引用されていることは注目に値する。米国も英国もその法は判例に依拠しており、過去は往々にして私たちの現在なのだ。さらにこれについては米国の方がはるかに憂慮すべきと思われるが（先進国で死刑制度をいまだに残しているのは日本とアメリカだけなのだから）、句読点が関わる死刑案件で控訴裁判所が1審の判事に特別な権限を与えてしまった裁判はほかにも存在する。

「検察対ハギンズ事件」の2006年控訴審では、訴訟能力の基準について裁判官が陪審に誤った説明をした恐れがあり、その証拠が検討された。裁判の発言録にある句読点を見ると標準的な説明から外れたものになっており、より深刻なことに、そこで決定的に重要な接続詞 and が抜けてしまっていた。しかし、「法廷速記者による句読点から読み取れる説示はナンセンスであり、第1審がそのように誤って伝えたとは考えられない」と断定する見解が大多数だった。

唯一の反対者ケナード判事は、裁判官がそうした読み間違いを犯すなど考えられないという想定がいかに誤っているかを指摘した。ただその際、そうした判断が持つさらに広範な影響には触れていない。私たちはそうした波及効果にも留意すべきだ。1審の判決が陪審員や提出された証拠に優越することは、陪審制度や民主主義にとって、いかなる意味を持つだろうか。

そういうことね！と思う方もいるだろう。句読点は本当に死活問題だったってわけか。文法警察ネタでよく見るもんなあ。「Let's eat, grandma.なら一緒にご飯食べようという呼びかけだが、Let's eat grandma.だと誰かがおばあちゃんを平らげてしまいかねない」 よし、コンマとかセミコロンとか、ちゃんと規則通りに打つようにしよう。そうすりゃ何もかも上手くいくはずだ——。残念ながらそんなに単純な話ではなく、こうした裁判が伝えるメッセージはもっと陰鬱なものだ。メラの一件から得られる教訓は、どれだけ注意して句読点を打っても、そして句読点の用法と解釈についてどれだけ綿密に法規を構築しても、この句読点はどの段階で書かれたのか、当初はどういう意図だったのか、この文脈で最も妥当な解釈は何か、そうした疑問を投げかける方法がほぼ確実にあるということだ。しっかり「おばあちゃん，食べよう」と表記されていようと、熱心な弁護士なら祖母にフォークを突き立てることを正当化する方法を見つけ出しても不思議ではない。まして裁判官と陪審員に人肉嗜食（カニバリズム）の気があったりしたらなおのこと。

バイアスは重大だ。私たちが信頼すべき制度（司法など）で見られるバイアスは、ほとんど皆が「嘘でしょ」と思ってしまうほど重大なものとなる。サルバトーレ・メラと共同被告サルバトーレ・ランネリの裁判はその一例だが、このふたりが法廷に立たされたのは、考えられる中でも最悪のタイミングだったと言えるだろう。第1審は1926年、第2審は1927年の春から初夏にかけて行われた。ふたりはイタリア系移民で、強盗の際に給与担当を殺害した罪に問われた。だが彼らに下された判決は20世紀屈指の冤罪事件の陰に隠れてしまった。というのは、ニコラ・サッコとバルトロメオ・ヴァンゼッティが有罪判決を受けた一件のことである。このふたりもまたイタリア系移民だった。強盗に及んだ際に給与担当を殺害したという罪に問われた点まで同じだった。[★23] 陪審はたった数時間の討議でふたりに有罪を言い渡したが、この裁判には変則的な点が多々あったため、判決を撤回せよという訴えや抗議の声が世界中で上がった。サッコとヴァンゼッティの支援者たちが闘っていた相手、それはイタリア人や移民に対する激しい差別意識だった。マサチューセッツ州知事は死刑判決を受けたふたりに対する大統領恩赦を検討する委員会を設置した。トップを務めたのはハーバード大学の学長（当時）アボット・ローレンス・ローウェル。派手なところでいえば、移民制限連盟の役員経験やハーバード大学キャンパス内での人種隔離といった経歴をお持ちの人物だった。同委員会による審議は密室で行われ、下した結論はというと、やはり判決は正当だったというもの。これを受け、ジャーナリストのヘイウッド・ブルーンは皮肉と怒りを込めてこう言っている。「ふたりのイタリア系移民にとってこれ以上の処遇があるだろうか？　ハーバードの学長にわざわざ電気椅子のスイッチを押していただける囚人なんて滅多にいないのだから」

　サルバトーレ・メラの運命にも当時のこうした偏見の影響があったのではないだろうか。ロジャー・ケイスメント卿が反逆罪で有罪判決になったのは、彼のアイルランドへの愛国心や同性愛者説に基づく結論ありきの決めつけでは

★23　違いがあるとすればサッコとヴァンゼッティはアナーキストでもあったが、それはちっともプラスに働かなかった。裁判長はふたりのことを「無政府主義のならず者」と呼んでいる。

ないだろうか。さらに、米国でセミコロン法に則って取り締まりが実施されたのも、マサチューセッツ州における反アイルランド感情が絡んでいるのではと疑ってみたくもなる。そこでは（ほかにも色々あるがひとつとして）「アイルランド人は大酒飲みだ」というステレオタイプがあったのだから（アメリカのスラングで囚人護送車が何と呼ばれているかも考えてみてほしい。そう、「アイルランド野郎の車（パディ・ワゴン）」だ）。夜11時を過ぎてアルコールを提供していたことに目をつけられて訴えられたあのマサチューセッツのバー店主はケリーという姓だった。★24 もちろん、だからといって彼がアイルランド系だと断言はできないし、そうだったとしても、裁判所の判断が偏見によるものだとも言い切れない。偶然の可能性はある。だが、本当に偶然なのかという点は注意と警戒に値する。人種差別やその他の悪質なバイアスに基づく行為が別々になされているとき、そのあまりにも多くが、特に意味のない単なる偶然の出来事として済ませてしまえる。ちょうど、パズルの1ピースが「漠然とした何か」程度にしか見えないように。だが、それが何百も集まると突如として——目が開ける。

シェイクスピア作品の数ある名シーンのひとつに『ヴェニスの商人』のラストがある。その場面では、麗しいポーシャが夫の友人アントーニオを救おうとして男装し★25、法学士の格好で法廷に現れる。ポーシャの夫バサーニオがユダヤ人の商人シャイロックに対して期日までに借金を返済で

★24　訳注：アイルランドの典型的な名字。

★25　ちなみに2004年に映画化されたバージョン〔監督：マイケル・ラドフォード〕では、3章冒頭で新聞記者が「まるでセミコロンのようだ」と表現したタイプの付けヒゲをしていた。

きなかったため、保証人のアントーニオは代償を払わないといけない。証文に従うと、シャイロックはアントーニオから人肉を1ポンド切り取ることが認められている。シャイロックに向かってポーシャは気高く訴える。「そもそも慈悲は強いられて施すものではない」（The quality of mercy is not strained）と切り出すポーシャ。「恵みの雨のごとく天より降りそそぎ地を潤すものだ」（It droppeth as the gentle rain from heaven Upon the place beneath）　このように慈悲の心を賛美していき、そして最後にシャイロックに慈悲を求める。「こっちが要求するのは法の執行だ」とシャイロックは譲らない。そこでポーシャは法を突きつける。契約では、バサーニオが借金を返せなかった場合、シャイロックはアントーニオの身体から1ポンドの肉を取ることが認められることになっている。だがしかし、とポーシャは付け加える。その指定は厳密である。過不足なく1ポンドでなければならず、しかも取ってよいのは肉だけであって血は取れない。それだけ正確にやってのけるつもりなのだな、と。そして、失敗したらどうなるか念を押す。「秤（はかり）がたとえ頭髪の1本分でも傾いたならば、その身は死刑、財産もすべて没収される」（if the scale do turn, But in the estimation of a hair, Thou diest and all thy goods are confiscate）　シャイロックは降参し、態度を和らげる。『ヴェニスの商人』で判決を左右するのは、比喩としての正義の天秤を傾けるお花畑のような理想の慈悲ではなく、金属でできた本物の天秤が本物の肉片を載せて傾くことへの危惧である。アントーニオの判決に慈悲があるとしても、それは厳密を期したことの単なる副産物だ。

フィクションとはいえ、『ヴェニスの商人』は法が持つ根本的な真実を描き出している。法というのは細かさと正確さを軸としているのだ。ある程度は、そうあるべきだろう。法は人に自由や制限を与えるものであり、その人間にとって利用しやすいものであるためには、はっきり理解できるようになっている必要がある。しかし専門的に正確かつ慎重な法律であっても、そこには必ず解釈の余地がある。ある条文に複数の解釈が成り立つせいで、バーの営業を認めたい裁判官と認めたくない裁判官のいずれも論理的根拠を見い出せる、といったことは珍しくない。サルバトーレ・メラの救済あるいは処刑に傾いた裁判官たちも同様である。もし『ヴェニスの商人』に別のバージョンがあり、金を借りる側がユダヤ人で貸す側がキリスト教徒だったとしたら。シェイクスピアの時代性を考えても、1ポンドの人肉を支払うことにはならないだろう、と考える人はいるだろうか。そのような逆転バージョンの劇では、バサーニオ、シャイロック、アントーニオが交わした契約の「精神」や「当初の意図」に関して裁判官の席から何やらぶつぶつと聞こえてくるシーンがあったりするかもしれない。法が各時代の偏見に影響されることなどない――たとえ16世紀のヴェニスであれ、20世紀のニュージャージーであれ、はたまた今日の法廷であれ――そんな考えは危険な夢物語だ。

法というのはただの骨格、言葉でできた剝き出しの枠組みにすぎず、法に命を吹き込んで現実の世界で動かすためには、その言葉に解釈を与えなければならない。解釈が関わるような場には必ず（要するに、人間がどんなものに関わる場合でも）、私たちが持つ最も素晴らしく最も美しい性質をもって、対象の解釈を調整することができる――しかしそれは同時に、私たちの中にある利己性、人種的偏見、ささやかな嫌悪や偏狭さが法の適用を通じて発揮されてしまう余地があるということでもある。結局のところ、法というのは自力で動けない道具にすぎず、多少なりとも慈悲のある世界を築き上げるためには誰かがそれを使用しないといけない。それ以外の法律観は——法は完全無欠で自律的だというような見方はすべて——妄想である。たいていの場合、というよりおそらくは常に、不寛容に行動してサルバトーレ・メラのような人を電気椅子送りにすることが可能であり、逆に、もっと慈悲のある道を選ぶこともできる。こうした現実を踏まえると、法解釈の問題に簡単に答えることなどできそうにない。「法解釈学のルール」を示すと謳うガイドラインであっても、その解釈規則は、現実世界の複雑で割り切れない実相からたちまち難題を突きつけられてしまう（これは文法規則の事情とよく似ている）。ひとつだけ助言できることがあるとすれば、法の運用にあたる者——裁判官、陪審員、弁護士など——はみな、良心という名の内なる天使を常に奮い立たせ、心の中にひそむ悪魔の囁きには片時たりとも警戒を怠ってはならないということだろう。

6章 ルールを岩に刻み込む

現代の試み

ボストン市民のスピリッツを抑圧したセミコロン、そしてそれを取り締まるべく作られた数々のルール、これらはどういう運命にあったのだろうか。マサチューセッツ州のセミコロン法が廃止された1906年に、シカゴ大学出版局は200ページもある文章表記ガイド、『マニュアル・オブ・スタイル』を出版した。19世紀の文法テキストとは違って、この書籍の対象は児童・生徒ではなく、作家、編集者、校正者だった。読者層こそ変われど、『マニュアル』は19世紀に見られた規則の偏愛と流行への懸念、その両方を継承していた。いわく「こうした規則や規定は、道理からして、盤石不動の法のような不変性を授かることはありえない。あくまでも平均的事例に関しての決まりであり、その適用にあたっては一定の柔軟性が求められる」とのこと。『マニュアル』の規則には通し番号が振られており、句読点で使用頻度の最も高いコンマには計19もの規定が設けられている。

「柔軟性」についての但し書きは、初版発行から100年経った第16版でも変わらず記載され続けていた。その言葉は「実践原理となって」おり、『マニュアル』が版を重ねるたび、その序文にうやうやしく掲げられたのだ[★1]。しかしそれ以外の部分は初版以降で著しく変わり、大規模な改訂がなされるにつれて、19世紀にルール制定者たちが第一歩を踏み出した道筋をどんどん突き進んで行った。

1982年に出た13版から、『ア・マニュアル・オブ・スタイル』は『ザ・シカゴ・マニュアル・オブ・スタイル』になった。これは出版社によると「我々以外は誰もがそう呼んでいた」名称であり、文章表記ガイド市場における圧倒的シェアで得られた権威を適切に反映する変更だった。タイトルに定冠詞 The を冠するに伴って、いたるところで断定的な響きが強くなっていった。同書を見ると「従来の版と比べても作家・編集者に向けた「ハウツー本」としての性格を思い切って増強した」とある。だとしても、個人の好みについて最低限リップサービス程度のことは行なっていた。「句読点の使い方を司るのはその機能であるべきで、これは具体的には、書き手の意図を明確にし、読みやすさを向上させ、程度差はあれ書き手のスタイルにも貢献するというものだ」 しかし句読点がスタイルにどのように貢献するのかは一切示していない上に、「主観的要素」の存在を制限するため文章執筆の際は規則に従うべきだと忠告している。

第16版になった『マニュアル』(全1026ページ、コンマの規則は計37) はその原理を「主観的要素」からさらに引き離した。序文では「表記に関する個々の項目について、複数の選択肢を提示するのではなく、何らかの規則をひとつだけ推奨する」と宣言されている。例外は可能な限り排除された。これこそ『マニュアル』の使用者の望みだった。ま

★1　現在、『マニュアル』は17版に達しているが(全1144ページ、コンマの規則は計40)、序文はほとんど丸々、読み書きに関する新技術(電子出版やSNSなど)に伴って生じた変化に関する内容にあてられている。しかし最後の部分で編集者はちゃんと、17版になっても変わらず「旧版から受け継がれた諸原理」を指針にしていると述べている。おそらく「柔軟性」もその原理のひとつなのだろう。

あ、同書の有名な「シカゴ・スタイル Q&A」から判断する限り、ルールの厳格化・増強によって実際に不安が減ったのかは怪しいけれども。このウェブサイトでは、規則をどう適用すれば良いかについて誰でも質問を書き込むことができ、もし探している形と厳密に一致するものが扱われていない場合は、既存の規則から「未知数を推定」して良いということが学べる。その一方で、現在の版を見ると、書き手の「スタイル」は句読点の使い方のセクションから完全に姿を消した。代わりに、同書が示す句読点のルールは「伝統的な慣習を論理的に応用」したものだと喧伝されている。『ザ・マニュアル・オブ・スタイル』は、その書名とは裏腹に、スタイルのセンスを失ってしまったのだろうか。

読者の皆さんの本棚から見下ろしてくるのが『マニュアル』であれ、ストランク&ホワイトであれ、APA（アメリカ心理学会）スタイルガイドであれ、ファウラーであれ、リン・トラスであれ、なぜそれに権威を感じるのか考えてみたり、自分の書き方が適切かどうか判断するにあたってその断言に従うより良い方法がないか検討してみたりするのは全然おかしなことではない。どうやら英語以外の文章表記ガイドでも、曖昧性をきれいに一掃することはできていないらしい。ペンシルベニア大学のハルン・キュチュク教授によると、セミコロンはトルコ語とアラビア語でも使われていて、その使い方に関する混乱具合は英語と似たり寄ったりだという。表記ガイドが示す方法よりも上手いやり方を模索する人もいる。ベルリンでディナーを食べていたときのこと。私の友人のジェイムズ・ハーカーとポール・フェスタはセミコロンが「カリフォルニア走り★2の句読点」だという結論に。また、セミコロンの使い方の疑問を完全に無用なものにしてみせた人もいる。アメリカ南西部出身、抽象画家で作家のティム・ケイシーによると「テキサスだと、文の中で間(ま)を置くときは、みんな golly[★3] ってのを汎用的な言葉として使う」らしい。個人的にはそんな言葉だけでやっていけるかは自信がないけれど、見解が食い違い、互いに競い合うような文章ガイドがたくさん並び、その重みで本棚がたわんでいるのを目にすると、golly、少し試してみるのも悪くなさそうだ。

★2　カリフォルニアの人は、細かいことは気にしない普段の性格が道路交通法の守り方にまで及んでしまうので、アメリカでは悪い意味で有名だ。そのことに由来する「カリフォルニア走り」(California stop)は、一時停止の標識が見えるとスピードを落とすがちゃんと停止はせず、交差点を無傷で突っ切れそうだと判断すると一気にアクセルをベタ踏みするという運転の仕方を指す言葉だ。

★3　訳注：Godを婉曲的にした間投詞で、一般的には軽い驚きや喜びを表すのに使われる。

● 7章

セミコロンの達人たち

ユーモア作家のマーク・トウェインは自分の本の中の会話で golly が何度か出てくることに抵抗はなかったが、誰かが句読点の使い方に口を挟んでこようものなら、その相手に対する言葉は激しいものになった。「このクソったれの出来損ない野郎！」とイギリスの出版社チャットー・アンド・ウィンダスに宛てたある手紙で怒鳴り散らしている。またお前かと、ある校正者を痛罵（つうば）するトウェイン。向こうもプロの校正者なのだが、それでも頻繁に彼の憤りを買っていたのだった。トウェインは執筆に伴う「労苦&思い煩い」[★1]の90パーセントが「奴らの無知&無意味な句読点を抹消&自分のオリジナルを復元する作業にある」と主張している。お節介に気分を害した彼は、自分の表記に校正者が口を出すのは「余計なお世話」だとした上で、自分は句読法について「クソったれの校正·者が200年かかってようやく学べる以上の知識をわずか2分で身につけている」のだと出版社相手に念押しした[★2]。これで分かっただろうと満足した彼は、毒を吐くのはひとまずその辺りで収めることにした。「まあ今日は聖なる安息日だ」と締めくくる。「&こうした俗世の話はやめにすべきだろう」 ただ、

★1 訳注：旧約聖書「伝道者の書」（コヘレトの言葉）2章22節にある厭世的な表現に基づく。

★2 訳注：引用されているトウェインの表現を見ると、標準的には and と書くところで & の記号を使ったり、まとまった一語として扱われる proofreader（校正者）に区切りを入れたりと、たしかに独特な表記をしているのが分かる。

安息日の影響もそう長くは続かなかった。自分の書き方に文句をつけてくる相手がいれば辛辣な言葉を抑えてはいられないのだ。別の手紙で「昨日ホール氏が手紙で知らせてくれたんだが、印刷所の校正·者が私の句読点をご丁寧に直してくれてるらしいじゃないか」と書いている。「&電報を送ったよ、命乞いする暇も与えず射殺しろとな」

トウェインが校正者を容赦なく批判したのは、適切な句読点の真価をしっかり捉えていたからこそだった[★3]。これはなにも句読法の規則書がいうような「適切」ではない。効果的で、文章が目に見えて良くなる、文章のトーンやスタイルや目的に合った句読点のことだ。これは別に、適切な句読点が「規則」に従っているように見えることが一切ないというわけではない――そうなっていたとしても偶然の一致だということである。句読点というのは、文章をいかに形作っているかという観点から評価すべきだ。ここで、書き手も読み手も問題を抱える。句読点が適切かどうか、規則本の保証もなしにどうすれば分かるのだろうか。手引き書に正解を求めることをやめ、自分の文章について探究型の問いを立てるようにするというのはそう簡単なことではない。

私は長年にわたり句読法について――その歴史と現状をテーマに――言葉を「勉強中の身」という認識の人（多くは学生）や、言葉の「プロ」を自認する人（たいていは論説を数本か著書を1冊、あるいは少なくとも学位論文を執筆した経験あ

★3　それどころか、自身の句読点や綴りについては「絶対に譲れないポイントである…。〔見習い時代に様々な印刷所で学んだ関係で〕私が磨き上げた他のなにものも及ばない本物の多様性がそこにはあり、&しかるべき敬意をもって扱うようにしている」とまで書いている。

り）と話をしてきた。その結果、規則についての確たる事実（読者の皆さんが本書でこれまで確認してきたもの）に強く反発するのはプロの方だということが分かった。言葉のプロというのは、わざわざ規則を参照するまでもないことが多く、そもそも「正しい英語」を使用するために規則を暗記する必要すらなかったようなタイプの人である。だがそれでも規則が良いものだということは確信している。規則愛好家は規則が下す命令を本能的に理解できる。そういう人が規則を好むのは、自分がすでに直感的に理解している決まりごとを言語化し、それにお墨付きを与えてくれるからだ。まあ脳内のルール集の抜けを補うためにマイナーな規則を多少覚えたりする程度のことはあったにせよ、基本に関しては子どもの頃から頭に入っているというわけだ。

この手の人間のことならよく知っている。何を隠そう、私自身もかつては規則大好き人間、言葉の「プロ」だったからだ。小さい頃から『シカゴ・マニュアル・オブ・スタイル』が定める規則を何章何節まで言えるほど正確に暗唱できた。あれは私がまだ12歳だったころ、校外学習の最中に恥ずかしいほど大きなしゃっくりが出てしまったことがある。国立公園の看板にお粗末なミスがあるのを目にしたせいで[★4]、横隔膜が強烈に刺激されてしまったのだ。to不定詞にピキピキと割れ目が入る音がしようものなら数キロ離れていようと聞き取れた[★5]。大学のクラスメイトにも「え、もちろん、レポートのチェックなら喜んで。真っ赤

★4　its（その）とすべきところで誤ってアポストロフィを入れ、it's（それは～だ）になっていた。

★5　訳注：to fully understand（十分に理解する）のようにtoと動詞の間に副詞が割り込む形、分離不定詞（split infinitive）のこと。しばしば誤用とされるが、実態としてはごく一般的に使われている。

にして返すからね」てな感じだった。

とまあこんなふうにドヤ顔で嬉々とした様子でステップアップしていき、ついに初めて大学生を教えることになった。当時23歳だった。教卓のこちら側に立つようになって、ニタニタした文法オタク気質の私はかなり深刻な教育上の問題にぶち当たった。規則は、たとえ慎重に一貫した形で説明したとしても、学生が本当に知りたがっている「言葉の使いこなし方」を身に付けさせるのに効果的だとはとても思えなかった。どうすれば思い通りに言葉を操れるんだろう。規則はその疑問に答えることができなかった。

大半の文法オタクも心の奥底では分かっていると思う。規則を暗記したり参照したりして実際に言葉の使い方が上達しました、なんて報告をしてくれる文法オタクにはお目にかかったことがない。そして規則を覚えるのが英語の習得には良い方法だったとしても、規則を正確に知り尽くして使ったからといって何になるだろうか。完璧に「正しい」英語を丸一日書いてもなお、皆が本当に望むもの（つまりスタイル）が得られないことだってありえる。誰しも自分の言葉にはインパクトを持たせたい。斬新な企画を通したい、愛をかき立てるメールを書きたいしツイートでは笑いを取りたい、良さがしっかり伝わる賛辞を贈りたい、SNSのプロフィールでさらりとクールな印象を出したい、レポートでA評価をもらいたい、うまく説得したいし理解してもらいたい。そのためには規則に従うだけでは不十分だ。事実、ここに挙げたスキルの一部はプロを自認する人でも手にすることができない。たしかにプロは「標準英語」とやらを話せるだろうし、難解な用語・複雑に入り組んだ構文で執筆してそれをマニアックな学問領域で公表するくらいは問題なくこなすにしても、そういう英語しか使えないのかもしれない——それは自由を阻み、不都合を生む。新鮮な空気と大空が恋しくなっても外の世界に戻れないのなら、学問の迷宮に入るためのパスワードを知っていたところで何になるだろうか。

そのため、自己評価が初心者であれ上級者であれ、もっと別の戦略が必要ということになる。抽象的なルールの羅列を暗記するよりもしっかり記憶に刻まれ、しっかり結果の出る英語を使えるようになるにはどうすれば良いだろうか。個性ある文体を身につけつつ、それを必要に応じて柔軟に調整できるスキルを手に入れるにはどうすれば良いだろうか。

この難題を片づける手っ取り早い方法をお伝えしたいものだ。そんな方法がお伝えできれば本書はウン百万部も売れることだろう。「ラクラクお手軽に体重が落ちます」と約束して年始の時期に勢いよく売れる新しいダイエット本みたいに。だが手っ取り早い文章術の効果がどれだけ持つかといえば、トレンドのダイエット法と同じくらいだろう。本当のことを言うと、上手い文章が書けるようになりたければ、誰もが目を背けたくなるほどの途方もない努力と時間が必要となる。上手く書くためには、たくさん読まないといけないし、注意深く読まないといけない。それを実践してみせるのが以降のセクションだ。私は立ち止まり[★6]こんなふうに考えることになる。「ピリオドでも良かったのに、どうしてここでセミコロンを使ったんだろう」 ある時は、文を段落の、段落を章の、章を本全体の一部として位置づけて観察し、こう考える。この文は周りとどう関わり合っているのだろう。(フィクションであれば)人物像をどう作り上げているだろうか。(ノンフィクションなら)考えや感情をどう提示しているだろうか。またある時は、書き手の全体的な文体や声やテーマについて「このセミコロンはどう貢献してるんだろう」のように考える。本書には文脈から切り離されて宙に浮いた例文は出てこない。孤立した例をひとつ見るだけでセミコロンが理解できると思うのは、檻の中でライオンがぽつんと1頭、飼育員が投げ入れた骨付き肉をモグモグしているのを地元の動物園で見ただけでライオンのことがすっかり分かったと思うようなものだ。

これから紹介していく書き手の多くは句読点についてしっかりした持論がある。少なくとも句読点が自分の文体の一部であることを否定はしないはず。しかしアーヴィン・ウェルシュは——これから触れる作家のひとりだ——自身のセミコロンを私が詳しく観察することをあまり快く思わないかもしれない。

〔著名人らにセミコロンに関する見解を聞く特集記事のインタビューで〕

★6　スピードを落として文章を熟読玩味するのは時として難しい作業だ。いつの時代でもそうだったとは思うけれど、少なくとも私の場合、デジタル化のせいで余計に大変になっている。書き物をするとなるとキーボードをカタカタ叩くことがほとんどで、それだと作家たちの言葉をちゃんと頭で受け止めきれないうちに書き写せてしまうのだ。どうしても自分を律して作家の文体に集中したいときは、その人の作品の一部を紙に手で書き写すというのを未だにやっている。文体を磨きたいなら、やはりこれが最善かつ最も確実なやり方だと思う。句読点に限らず、その他の文体的要素にも有効なはずだ。これが効果を発揮するのを何度も何度も、長年にわたってこの目で見てきたのだから。言葉を学ぶ人であれば、年齢やレベルに関係なくこのやり方を勧めたい。

I use [the semicolon]. I've no feelings about it – it's just there. People actually get worked up about that kind of shite, do they? I don't fucking believe it. They should get a fucking life or a proper job. They've got too much time on their hands, to think about nonsense.
そりゃ自分も［セミコロンを］使うけど。別に何とも思わない――普通にそこにあるだけ。何かみんな本気でそんなクソみたいなことに熱くなってるんだろ？マジで信じられん。マジで人生エンジョイするか、まともな仕事するかだな。時間があり余ってるから、しょうもないこと考えるんだろ。

まあ、物書きになるってそゆこと。本人による分析が批評の面白い出発点になる面もあるけれど、それと同じく、作品が独自の存在になって、著者自身やその意図やその希望や夢から切り離される面もあるわけで。それに、句読点が不注意な（または悪意ある）編集者の手で変わってしまうことも普通に起こりうる。法律をテーマにした章で見たように、転記や活字組みはうっかりミスに弱いのだ。かつてサミュエル・テイラー・コールリッジは、ダニエル・デフォーが『ロビンソン・クルーソー』で用いたセミコロンの文学的技巧に惜しみない賛辞を贈ったことがある[★7]――だがそのセミコロンは同書の大多数の版で見つからないことが後に判明する。ある評論家はこう総括している。「事実関係として、コールリッジが称賛することにしたのは彼と同時代の植字工の手腕であって、デフォーのではない」ということで、本の解釈というものには「著者の実際の意図はこうだ」などと論じることがそもそも可能なのか怪しくなるほど、数多くの不確定要素が関わる。しかし文章のどこに誰が何をしたかが明確には分からなくても、テクスト内の句読点について注意深く考察すれば学びを得ることはできる。たしかに、「あんなのは適当に使っただけだ」とウェルシュが好きなように言えてしまう面はある。それでも、『トレインスポッティング』の中でセミコロンがどのように語りの声や意味合いを作り出しているか、その仕組みを観察することが面白く生産的であることに変わりはない。★8

大いなる止まり

レイモンド・チャンドラーが生み出した私立探偵、フィリップ・マーロウ。初登場する作品は『大いなる眠り』（*The Big Sleep*）だ。その時点で38歳、すでに経験豊富である。彼はまさに究極のハードボイルド探偵。あまりに冷徹（シニカル）なので犬儒派（シニク）のディオゲネス★9も「ちょっと肩の力抜きなよ」なんて声をかけたりしそうなほどだ。チャンドラーは長編小説7作と短編のいくつかにマーロウを登場させてい

★7　訳注：無人島に漂着した主人公が難破船に貨幣が残っているのを見つけ、もはや無価値なので放置しようとした場面の描写について、深い判断と平凡な作業の切り替わりが表れているとして次のセミコロンを称賛した。

　　However, upon second thoughts, I took it away; and wrapping all this in a piece of canvas ...

　　だが、やはり考え直し、持っていくことにした；帆布にこれをすべて包むと…

★8　ウェルシュは句読点の考察を「しょうもない」と思っている点では誤っているが、私がマジで人生エンジョイしてまともな仕事をすべきだという部分は、もちろん彼が正しいかもしれない。

★9　訳注：古代ギリシャの哲学者。樽の中で暮らすなど、自由な生き方を実践した。

るが、セミコロンはめったにない。多くの場合、マーロウが描く世界は、ほとんど句読点もなく転がるように展開していく。「私はひげを剃りシャワーを浴び服を着てレインコートを取って一階に降り玄関のドアを開けて外の様子をうかがった」 セミコロンどうこう以前に、コンマすら出てこないじゃないか。

セミコロンを使用するとなると努力と思考が必要で、本書冒頭で触れたように、まったく使わないようにする人もいる。なので「チャンドラーはセミコロンが単に好きじゃなかったか、使い方が分からなかったとかじゃないの」なんて思うかもしれない。しかしチャンドラーのエッセイ（ハツラツとした文章だが、知名度は代表作のマーロウ・シリーズに圧倒的に劣る）に目を向けると、そうでないことが分かる。彼のエッセイには計算し尽くされたセミコロンがたくさん使われているのだ。その上、チャンドラーは文法全般にうるさく、彼が自分のテリトリーと見なす領域に踏み込もう

Ralph Crane/The LIFE Images Collection/Getty Images

としてくる編集者には躊躇なく凄んでみせた。

1947年1月、タイプライターの前に腰掛け、べっこう縁の眼鏡をかけてパイプをふかすチャンドラー――ともかく、そんな感じだったんじゃないかと思う。パイプや鋭い眼光が見当たらない彼の写真なんて、ほとんどお目にかからないので――彼は『アトランティック・マンスリー』誌の編集者エドワード・ウィークスに宛てて辛口の手紙を送りつけた。締めくくりでは吐き捨てるようにこう書いている。「ところで――」

> [W]ould you convey my compliments to the purist who reads your proofs and tell him or her that I write in a sort of broken-down patois which is something like the way a Swiss waiter talks, and that when I split an infinitive, God damn it, I split it so it will stay split, and when I interrupt the velvety smoothness of my more or less literate syntax with a few sudden words of barroom vernacular, this is done with the eyes wide open and the mind relaxed but attentive. The method may not be perfect, but it is all I have. I think your proofreader is kindly attempting to steady me on my feet, but much as I appreciate the solicitude, I am really able to steer a fairly clear course, provided I get both sidewalks and the street between.
>
> 言葉にうるさい例の校正によろしく。それからこう伝えておいてほしい。私はちょいとブロークンな、スイス人ウェイターの話し方みたいな調子で書くようにしているんだ。それに不定詞を分離していたらだね、こ

の野郎、分離させたくて分離してるのだよ。私のおおむね洗練された文法が醸し出すベルベットのような滑らかさを、酒場で使うような俗語が突然かき乱していたら、それはちゃんと分かった上で、くつろぎつつも慎重な心持ちでやっているんだ。完璧な書き方ではないかもしれないが、精一杯やっている。おたくの校正はご親切に私の足取りを支えてくれようとしているんだろう。お気遣いには感謝するが、一人でもそれなりにちゃんと進んでいけるものでね。道路と両側の歩道さえあけてもらえれば。[★10]

『アトランティック』誌の校正者マーガレット・マッチはチャンドラーからの伝言を受け取ると返事を書き送った。すると今度はポエムで応答するチャンドラー。題して「分離せぬ不定詞を携えた淑女に捧ぐ詩」、修正箇所をめぐってマッチと対立しているという設定だ。その詩のクライマックスでマッチは松葉杖でチャンドラーの殺害に及ぶ。

His face was white with sudden fright,
And his syntax lily-livered.

"O dear Miss Mutch, leave down your crutch!"
He cried in thoughtless terror.

Short shrift she gave. Above his grave:
HERE LIES A PRINTER'S ERROR.

★10 訳注：行間に修正指示を書き込まないでくれということ。

突如として走る戦慄 顔色は蒼白に転じる
そして彼の文法は肝をつぶす。

「嗚呼(ああ)どうかマッチ嬢、下ろしてくれ その松葉杖(クラッチ)を！」
そう叫ぶ彼の頭に恐怖が駆け巡る。

しかし生かしておくものか。彼の墓にはこの言葉：
ここにミスプリの彼 眠る。

マッチをからかうこの詩の中でチャンドラーは「セミコロンよ、コロコロ転がってこい」とせき立てている。そしてチャンドラーは間違いなくセミコロンの転がし方を心得ていた。彼がこんな手紙や詩を書く発端となったのは、『アトランティック』誌に載った「オスカーナイト・イン・ハリウッド」という文章である。そこではセミコロンが溢れんばかりに使われており、チャンドラーの極めて特徴的なセミコロンの用法がふたつ出てくる。まず、段落の中でほぼ同じ構文を畳みかけ、怒りをあらわにする文章をバシバシ書き進めていくのが彼のお気に入りの用法である。〔アカデミー賞授賞式をめぐる喧噪を嘆く文脈〕

If you can go past those awful idiot faces on the bleachers outside the theater without a sense of the collapse of the human intelligence; if you can stand the hailstorm of flash bulbs popping at the poor patient actors who, like kings and queens, have never the right to look bored; if you can glance out over this gathered assemblage of what is supposed to be the elite of Hollywood and say to yourself without a sinking feeling, "In these hands lie the destinies of the only original art the modern world has conceived"; if you can laugh, and you probably will, at the cast-off jokes from the comedians on the stage, stuff that wasn't good enough to use on their radio shows; if you can stand the fake sentimentality and the platitudes of the officials and the mincing elocution of the glamour queens (you ought to hear them with four martinis down the hatch); if you can do all these things with grace and pleasure, and not have a wild and forsaken horror at the thought that most of these people actually take this shoddy performance seriously; and if you can then go out into the night to see half the police force of Los Angeles gathered to protect the golden ones from the mob in the free seats but not from that awful moaning sound they give out, like destiny whistling through a hollow shell; if you can do all these things and still feel next morning that the picture business is worth the attention of one single intelligent, artistic mind, then in the picture business you certainly belong, because this sort of vulgarity is part of its inevitable price.

人間的な知性が崩壊する感覚を味わうことなく、劇場外の観覧席に並ぶひどいマヌケ面の前を通ることができるなら；忍耐強い哀れな俳優たちがバシャバシャとたかれるフラッシュの嵐を浴び、それでも国王や女王のように、疲れた様子を見せることが許されないという状況に耐えられるなら；このハリウッドの精鋭とされる集団を眺め、気が滅入ることもなく「近代世界が思い描いてきた唯一無二の芸術の命運はまさにこの人たちの手の中にある」と思えるなら；舞台上のコメディアンが、自身のラジオ番組なら控えるような使い古しのジョークを披露するのを見て笑えるなら（どうせ笑うのだろうが）；お涙頂戴の演出と役員たちの決まり切った言葉、艶（なま）めかしい女優たちの気取った話し方に耐えられるなら（マティーニを4杯飲み干した状態で聞かないといけない）；以上すべてを品よく喜んでこなすことができ、さらに、まさか大多数の人はこんな下らない茶番を大真面目に受け取っているのかと独りで慄然とせずにいられるなら；そして辺りが暗くなった中に出ていき、大量に動員されたロサンゼルス市警が受賞者を無料席の群衆から警護しつつも、浴びせられるブーイングは（まるで虚ろな殻から響いてくるお告げのごとく）防ぎようがないという状況を直視できるなら；以上すべてをやってのけた上で、なおかつその翌朝、「知的で芸術的な心の持ち主は誰ひとりとして映画産業のことなど気にかけない」と感じたりせずにいられるなら、それならば映画産業のれっきとした一員ということになる。この種の俗悪さというのはその避けがたい代償の一部なのだから。

　このセミコロンは、上のような段落全体にわたる長い一文で用いると非常に効果的で、パラレルな構造を際立たせ強調してくれる。チャンドラーが並べる節はどれも if ... で統一されていて、判事が法廷で厳粛に言葉を繰り返しているような響きがあり、セミコロンは訴えを区切る小槌のように勢いよく打ち込まれている。この箇所でチャンドラーは散文に規則的なリズムを作り出していて、それにより構造とその中の言葉が一体となって意味を生み出している。[★11]

チャンドラーにとってはリズムがすべてである。再び「オスカーナイト」から、また別の用法のセミコロンを吟味してみよう。

〔映画を芸術形式として認めない人について〕

> They insist upon judging it by the picture they saw last week or yesterday; which is even more absurd (in view of the sheer quantity of production) than to judge literature by last week's best-sellers, or the dramatic art by even the best of the current Broadway hits.
>
> そういう人間は頑なに先週あるいは昨日見た作品だけで映画を語ろうとする；文学を先週の売れ筋だけで語るのは愚かだし、ブロードウェイで今一番のヒット作を取り上げるにしてもそれで演劇を語るのは愚かだが、映画の評価となれば（おびただしい作品数に鑑みると）それ以上に愚かしいものだ。

句読点は文を自由に走らせることも抑えることもできる。いずれにしてもスリリングな効果を生む――。伝説の名馬セクレタリアトが出走した1973年の米3冠レースの映

★11　ラドヤード・キプリング作の前向きな気持ちになれる詩「もしも」（"If"）を厭世的なムードでひそかに変奏している可能性もある。確かなことはチャンドラー本人に聞かないと分からないが。

像を見てみよう。まずベルモントステークスの走りでは、見たところ騎手による抑制もなく、解き放たれているのが分かる。ほとんどレース開始直後から、ひたすらセクレタリアト、セクレタリアト、セクレタリアトだ。ぐんぐん加速して引き離し、フィニッシュの瞬間にほかの馬は画角に収まってすらいない。一方ケンタッキーダービーでは、レースの大部分で抑えが利いている。かなりの間、実況が伝える順位の中にも入るか入らないかという具合。しかし突如として抑制が解かれると、その素早さ・軽やかさはまるで宙を駆けているかのようだ。つい先ほど引用したチャンドラーの文はケンタッキーダービー型のセクレタリアトだ。前半ではガッチリ手綱を握る；そして後半になると一気に文を解き放って疾走させ、コンパクトだった前半部分との対比によって湧き上がるエナジーと情熱を一段と鋭く感じさせる。走りの抑制と解放が一瞬にして移り変わっているが、その一瞬を生み出して刻み込んでいるのがセミコロンなのだ。[★12]

彼のエッセイを読めば疑問の余地はないが、チャンドラーはセミコロンの用法をちゃんと理解していた上に、それを使うことに愉悦を覚えていた。ノンフィクションでは比較的セミコロンを多用していることからそれがうかがえる。ではなぜ小説では使われていたとしても1つ2つ程度なのだろうか。[★13] そのカギは、本節の冒頭で軽く触れたように、マーロウのキャラクター性にある。セミコロンは立ち

★12　ちなみに19世紀末には、なんとセミコロンという名前の競走馬が全米の有名レースで傑出した成績を残している。ところが世紀の変わり目あたりでその活躍にも衰えが見え始める――その馬名の由来となった記号と同じように。

止まって考え込む感じや自信のなさを漂わせるが、マーロウはそういう様子をめったに見せない。マーロウは物事がちゃんと分かっている。人に会えば、たいてい一瞬でその心の奥底に焦点を合わせてみせる。チェスも得意で、先の先まではっきり読むことができる。ブロンドや微笑で誘惑する数々の魔性の女にもなびかない。失敗して自分を責めることがあったとしても、くどくどとはやらない。そしてこれぞマーロウというべきは、自分の手の内を見せないところだろう。調査の相手は酔って秘密を打ち明けてしまうが彼自身は何ひとつ明かさない、というのがお決まりだ。もちろん頭の中では色々と考えているはずだが、何しろマーロウの頭は回転が速く、常に動いていて、ほとんど止まらない——コンマが割り込む隙すらないほどだ。

だからこそ、『大いなる眠り』の途中でマーロウが脆さを覗かせるシーンは驚きである。
〔マーロウの自室に勝手に入り込んできた女が何やら悪態をついた場面〕

> I didn't mind what she called me, what anybody called me. But this was the room I had to live in. It was all I had in the way of a home. In it was everything that was mine, that had any association for me, any past, anything that took the place of a family. Not much; a few books, pictures, radio, chessmen, old letters, stuff like that. Nothing. Such as they were they had all my

★13　私の調べでは、例えば『大いなる眠り』で2回、『高い窓』では1回のみ。〔訳者が確認すると実際はもう少し多く、前者では3章・19章・24章・32章で計4回、後者では8章・15章・22章・26章で計10回使っている〕

> memories.
> 彼女にどう罵られようと、誰にどう罵られようと、それは構わない。だがここは私の暮らす部屋だ。「うち」と呼べるのはこれしかない。ここにあるのが私のすべて、個人的に何かを思い起こすもの、何かしら過去があるもの、家族の代わりと言えるもののすべてだ。なんてことはない；少々の本、写真、ラジオ、チェスの駒、昔の手紙、そういうやつだ。なんでもない。その程度だが、思い出のすべてが詰まっている。（24章）

切ない場面だ。「うち」らしきものを持っている実感が自分の中でいかに希薄か、マーロウは思いをめぐらせる。家族代わりのものと言っても「なんてことはない」と述べ、短い沈黙。マーロウは立ち止まって考えねばならない、あるいは喪失感ゆえに立ち止まらされている。このセミコロンはそんなふうに読める。この時ばかりは無防備な印象だ。このセミコロンはコロンやピリオドでも良かっただろうが、チャンドラーはここぞとばかりに、マーロウ・シリーズでは珍しいセミコロンを投入したわけである。

この無防備用法とその前に見た緩急用法はどちらも「非合法」である。オックスフォード大学のガイドによると、セミコロンが使えるのは、もともとコンマが使われている項目を区切ってリストにする場合か、独立した節をつなぐ場合だ[★14]。ここではいずれの条件も当てはまらない。「；文学を先週の売れ筋だけで……」は独立した節ではないし、句読点が混み合っていて区切りの明確化にセミコロンが必要なわけでもない。同じことが「；少々の本、写真、……」にも言える。

チャンドラーのこうしたセミコロンの活用法を「ルール違反」と感じるなら；第一声が「後ろに来るはずの文はどこ行ったんだよ」なら；赤ペンを取り出して添削し始めたくなるなら；それならば、いら立ちよりも意義あるものを感じる機会をみすみす逃してしまっている——。私は子どもの頃にセクレタリアトのレース映像を初めて見たときのことを今でも覚えている。父からウィリアム・ナック著の伝記『セクレタリアト』をもらっていたので、そこに記されている偉業を自分の目で見てみたいと思っていたのだ。ケンタッキーダービーでセクレタリアトが最後の直線コースでついに解放されると、私は跳ね上がって叫んだ。ベルモントステークスの映像では途方もなく卓越した運動能力が解き放たれるのを目の当たりにし、全身にサーッと冷たい感覚が走った。そのレースが行われたのは私が生まれる4年も前のことだが、何かが息づいて展開しているのを、勢いと力が巧みに抑えられ、そして放たれるのを実感した。30年ほど経った今、改めて見返してもその反応に変わりはない。適切な句読点は、その機能が抑制であれ解放であれ、同様の爽快感を生み出すことができる。言語はと

★14 訳注：それぞれ以下のような例が挙げられている。

(i) We plan to review the quality of the research of the department, including its participation in interdepartmental, interdivisional and interdisciplinary activities; its research profile and strategy; and future challenges and opportunities.
本学部は研究の質の見直しを計画しており、具体的な対象としては学部・部局・学問を横断する活動への参画；研究の紹介および戦略；今後の課題や将来的な可能性などがあります。

(ii) The best job is the one you enjoy; the worst job is the one you hate.
楽しめるのが最高の仕事；最悪なのは嫌々の仕事。

にかく規則に従う義務があるのだという愚かな思いに自分自身が抑制されてしまわない限り。

リン・トラスは現代のルール支持者の中でも言い回しの上手さではナンバーワンだが、彼女は区切りの明確化にセミコロンを用いることに関して、こんなふうにチクリと諌めている。「セミコロンが結ぶのは完結した文同士に限るという原則を、心の弱き者が無視することを助長しかねない」[★15] トラスがチャンドラー本人に向かって「心の弱き」文章だとからかうことができたなら、20世紀半ばの文豪と現代のルール講師のやり合いで今度はどんな詩が生まれるか見てみたいものだ。だがチャンドラーは1959年に亡くなった。サンディエゴのマウントホープ国立墓地にある彼の墓石には、名前と生没年月日のほかにミスプリどうこうは見当たらない。そこにはただ、「作家」と刻まれている。

ヘロイン中毒者とフェミニスト

すると、セミコロンは常に休止なのだろうか。沈黙の瞬間だろうか。決してそんなことはない。セミコロンの使い道はほかにも考えられる。さらなるセミコロンの技を求めて、およそ同類とは思えない書き手ふたりに目を向けてみよう。そのふたりというのはエッセイストのレベッカ・ソルニットと小説家アーヴィン・ウェルシュのことだ。ソル

★15　訳注：区切りの明確化にセミコロンを用いると、その前後には完結した文ではない語句がくることになる（先の注(i)も参照）。それに慣れると、断片的な表現を結ぶという一般的に推奨されない用法にも違和感を覚えない書き手が出てきて、原則の無視につながる恐れがあるという趣旨。

ニットの文章は明晰、正確、そしてほとばしる鋭い知性が持ち味だが、一方のウェルシュは『トレインスポッティング』のような小説の中でスコットランド訛りの英語で粗野な言葉をぶちまけており、しかも語り手はヘロイン依存症の若者たちだ。文体もジャンルも内容も根っこから違うにせよ、このふたりの文章はセミコロンを単にコンマより長めの休止だとか厳密な論理標識と見なす傾向に揺り戻しをかけてくれる（これはよくある説明のトップツーだ）。時にセミコロンは休止ではなく、その逆の働きをする。素早さを出すツール、次の内容に敏捷に飛び移るためのちょっとしたバネになるのだ。

『トレインスポッティング』はそういう弾むようなセミコロンをまさに第1文目で使っている。

> The sweat wis lashing oafay Sick Boy; he wis trembling. Ah wis jist sitting thair, focusing oan the telly, tryin no tae notice the cunt. He wis bringing me doon. Ah tried tae keep ma attention oan the Jean-Claude Van Damme video.
>
> シック・ボーイは汗ビッショリでさ；ガタガタ震えてんの．オレは座ったままテレビをガン見して，あのアホを無視しよーとした．せっかくキマッてんのによ．オレは何とか画面のジャン＝クロード・ヴァン・ダム[★16]に集中しよーとした．

シック・ボーイが大汗をかいているという内容に「しかも

★16　訳注：ベルギー出身のアクション俳優。

震えている」というのが追加されているが、これには、とびきりのゴシップをコソッと囁くときのような、片棒を担がせる感じがある。この章の語り手（マーク・レントン）はシック・ボーイのことが鬱陶しくて、読者相手に軽く愚痴っているわけだ。

もちろん、ここでウェルシュはセミコロンしか使えなかったわけではない。こんな感じに急ブレーキで停止しても良かったはずだ。

> The sweat wis lashing oafay Sick Boy. He wis trembling. Ah wis jist sitting thair, focusing oan the telly, tryin no tae notice the cunt. He wis bringing me doon. Ah tried tae keep ma attention oan the Jean-Claude Van Damme video.
> シック・ボーイは汗ビッショリだった．ガタガタ震えてんの．オレは座ったままテレビをガン見して，あのアホを無視しよーとした．せっかくキマッてんのによ．オレは何とか画面のジャン＝クロード・ヴァン・ダムに集中しよーとした．

そうはせずにセミコロンを使うことで、ウェルシュは力強さと彼の苛烈な文章の特徴と言えるギラつくような写実性を生み出している。この段落で3種類の句読点を競演させたことで、レントンの声には、コンマとピリオドだけで済ませた場合よりもはるかに手触りと息づかいが出ている。

どうやらウェルシュはセミコロンをこんなふうに使った書き出しがお気に入りらしい。それを責めるなんて誰ができるだろうか。彼の作品ではこのセミコロンがうまく働き、読者は流れの速い川に落っこちて、出だしから話の展開に引き込まれる感覚になる。「カモ」（"A Soft Touch"）[★17]という短編の冒頭でもこのクイック・セミコロンを使っている。

> It wis good fir a while wi Katriona, but she did wrong by me. And that's no jist something ye can forget; no jist like that.
> カトリオーナとはしばらくいい感じだったけど，あいつぁオレをキレさせた．それもすぐ忘れれるレベルじゃねえ；んなもんじゃねえんだ。

レベッカ・ソルニットも同じく、スピードを落とすのではなく加速させるセミコロンを活用している。「日記」（"Diary"）と題するエッセイで彼女はテクノロジーの進歩で世の中がいかに変わってしまったかを考察し、1994年以前の世界を回顧している。

> That bygone time had rhythm, and it had room for you to do one thing at a time; it had different parts; mornings included this, and evenings that, and a great many of us had these schedules in common.
> あの去りし時代にはサイクルがあり、ひとときにひとつずつ進めていく余裕があった；各時間がそれぞれ違っていた；朝はこれ、晩はあれ、大多数の人がそうしたスケジュールを共有していた。

★17　訳注：（金づるになるような）「ちょろい相手」という意味の表現。

まるで石が水面を跳ねるように、3回ほんの一瞬軽く触れて跳ねていく感じ。もし「余裕があった」か「違っていた」の後でコロンを使うことを選択したらどれほど違う文になっていたか考えてみてほしい（その可能性も十分あった）。そうすると比較的重たくてアカデミックな印象の文になっただろう。逆に、ソルニットが使った弾むように軽やかなセミコロンには、彼女が描く過ぎ去りし時代を懐かしむ気持ちにぴたりとはまる、心地よい爽やかさがある。

ソルニットはセミコロンを2つ3つとセットで使うのが好きなようで、大体は先ほど引用したような軽い足取りのセミコロンだが、それがさらに微妙なスピードアップを行なうこともある。次の一連のセミコロンを見てみてほしい。いずれもソルニットの中心的主張を支持するデータを矢継ぎ早に繰り出している。

> Instead, we hear that American men commit murder-suicides—at the rate of about twelve a week—because the economy is bad, though they also do it when the economy is good; or that those men in India murdered the bus rider because the poor resent the rich, while other rapes in India are explained by how the rich exploit the poor; and then there are those ever-popular explanations: mental problems and intoxicants—and for jocks, head injuries.
>
> 代わりに聞こえてくる話によると、米国の男性が無理心中している――週に約12人のペースで――のは不景気のせいらしいが、景気が良くても同じことをやっ

ている；あるいは、インドの男たちがバスの乗客を殺害したのは富裕層に対する貧困層の怒りによるもので、インドで起きた別のレイプ事件は富裕層が貧困層をひどく搾取していることが原因だとかいう話もある；それから定番の言い訳が持ち出される：精神障害だの泥酔だの——そして体育会系なら頭部の怪我のせいだ。[★18]（『説教したがる男たち』「長すぎる戦い」）

Of course, women are capable of all sorts of major unpleasantness, and there are violent crimes by women, but the so-called war of the sexes is extraordinarily lopsided when it comes to actual violence. Unlike the last (male) head of the International Monetary Fund, the current (female) head is not going to assault an employee at a luxury hotel; top-ranking female officers in the US military, unlike their male counterparts, are not accused of any sexual assaults; and young female athletes, unlike those male football players in Steubenville, aren't likely to urinate on unconscious boys, let alone violate them and boast about it in YouTube videos and Twitter feeds.

もちろん女性だって原理的にはどんな重大事案も起こすことができ、現に女性による暴力事件というのも存在はするが、ただ実際の暴力となると「男女間の争い」とやらには圧倒的な偏りがある。国際通貨基金（IMF）前専務理事の男性とは違って、現専務理事の女

★18　訳注：脳機能の障害によって犯罪に及んでしまったのであって、当人に責任はないとする主張を念頭に置いている。

性は高級ホテルの従業員に暴行などしそうにない；米軍の女性トップ士官は、同職の男性とは違って、性的暴行で訴えられたりしていない；スチューベンビル高校の男子フットボール部員と違って、女子選手は酩酊状態の相手に小便をかけたりなどしそうにないし、ましてその相手を強姦してそれをYouTubeやTwitter上で自慢したりなどするわけがない。（同上）

Good things came about with the new technologies. Many people now have voices without censorship; many of us can get in touch with other ordinary citizens directly, through every new medium, from blogs to tweets to texts to posts on FB and Instagram. In 1989, Tiananmen Square was the fax revolution. Email helped organize the Seattle WTO shutdown in 1999; Facebook was instrumental in the Arab Spring's initial phase in 2011; Occupy Wall Street was originally a Twitter hashtag.
テクノロジーの発展に伴って良い変化が生じた。多くの人が今や検閲を受けずに声を上げられる；我々の多くが各種の新たなメディア（ブログ、ツイート、メール、FacebookやInstagramの投稿など）を使ってほかの一般市民と直接交流できる。1989年の天安門事件はファックス革命だった[★19]。Eメールは1999年のシアトルWTO閣僚会議のデモを組織する助けとなった；Facebookは2011年のアラブの春の初期段階で効力を発揮した；

★19　訳注：事件の情報を世界に発信する手段として中国の学生がファックスを活用したため、こう呼ばれることがある。

Occupy Wall Street（ウォール街を占拠せよ）はもともとTwitterのハッシュタグだ。（「日記：郵便屋の時代」）

私たち読者は事実から事実にパッと飛び移る。しかし、賭けても良いぐらいだが、ソルニット自身は大変だったはずだ。どの事実や数値も調査を要するもので、関連する統計を掘り起こし、それを導き出した手法が妥当かどうか確認し、その正確性を否定するような競合データがないか調べるのに、場合によっては何時間にも及ぶ調査が必要だっただろう。[★20]

すぐれたエッセイはすぐれた動物ドキュメンタリーに似ている——。ガラパゴス諸島のフェルナンディナ島の様子をナレーションするサー・デイヴィッド・アッテンバラ。[★21]そこで繰り広げられる劇的な逃走シーンでは、彼の上品な口調にもグッと熱がこもる。フェルナンディナ島は不吉な感じの漂う火山島で、7000頭を超えるウミイグアナの生息地になっている（このイグアナは海に潜って海草を食べる間、最大30分も息を止めていられる）。おや、卵から孵化したばかりのウミイグアナがゴツゴツした岩場からほんの少しだけ顔を出し、輝く瞳で周りをキョロキョロうかがっている。出て行っても大丈夫そうだと思ったその瞬間、何十匹ものガラパゴスヘビが岩の陰から飛び出してくる。赤ちゃんイグアナも生まれたばかりとは思えないほど素早い身のこな

★20　歴史を物語風にしたノンフィクションだと問題はさらに深刻化する。過去の時代の雰囲気を醸し出すのにかかる労力は気が遠くなるほどだ。歴史家は特定の日の気温を調べようと古い新聞に目を通す作業に何時間もかけたりする。過去に彩りを与える一文にも満たない部分のためだけに。

★21　訳注：イギリスの著名なテレビ番組プロデューサー、動植物学者。

しだが、あいにくヘビの数が多すぎる。岩陰という岩陰からワラワラと出てきて、赤ちゃんイグアナは腹を空かせた数匹の群れの中にたちまち飲み込まれて見えなくなる。同じ運命がまた別の赤ちゃんイグアナに降りかかる。そして3匹目のイグアナも同じように血を見る結末……かと思いきや、この子は身をよじって奇跡的に脱出。追いすがる最後のヘビがイグアナのかかとに牙を突き立てようとするも、ギリギリのタイミングで海岸の安全な岩場に駆け上がる。この追跡劇は全体で6分にも満たない。だが、こうした番組でいう「自然」や「ありのまま」をほんの数分映像に収めるだけでも数百時間の撮影が必要となる。「プラネットアース」の撮影クルーはイグアナの孵化場所で朝から晩まで丸2週間ずっと張り込みをして、ようやく映像を集めた。なんなら、全体で1時間の「ガラパゴス諸島」回だけで構想・撮影・制作になんと3年半がかかっている——そのすべては、自然界の日常のほんの一端を視聴者に届けるためである。

同様に、本当にすぐれたエッセイは筆者の思考が一見自然な流れで進むように見せるが、実際は、その収集と編集に超自然的なほどの努力と、ものすごい数のテイクを要している。「執筆とタイピングは違うというのを忘れないこと」というのがソルニットのアドバイスだ。「考え、調査し、熟考し、構想を立て、頭の中や紙の上で組み立て、場合によっては少しタイピングし、書き進めながら修正、さらにまた修正、削除、訂正、追加、反省、脇に置いては新たに再開。だって文章が上手い人というのは、自分の文章を編集するのが上手い人なのだから」 すぐれたエッセイを読むという体験は、巧みに編集された動物ドキュメンタリーを見ることに少し似ている。書き手の考えがごく自然に滑らかにページに流れ込んでいるかのように錯覚するわけだ。ソルニットの場合、セミコロンは素早い場面転換であり、冗長さを避けて、自身が実際に経験した苦心惨憺(さんたん)を読者には感じさせない機能を果たしている。

ヘビの猛攻を何とかくぐり抜けた赤ちゃんイグアナは、ついに海に飛び込める地点までたどり着いた。この先は巧みに海流をかき分けてゆき、緑一面の海草にありつくことになる。さあ、私たちも、さらなるセミコロンの発見を目指して大海原へ飛び込もう。

捕鯨やら話芸やら

ハーマン・メルヴィルが亡くなった1891年の時点で、彼の小説『白鯨』(*Moby-Dick*)はたった数千部しか売れていなかった。同書の出版から2年後の1853年に出版社は火災に見舞われた。倉庫にはまだ初刷が積まれたまま残っており、燃えさかる炎に包まれていた。メルヴィルは最終的に作家の道をギブアップし、その後は主に税関の検査官をして生計を立てた。

おそらく『白鯨』に寄せられた概して否定的な書評が売り上げ低迷につながったのだろう。その重厚で難解な文章はページからページへじりじりと這うように続き、長大な段落には『ウェブスター』の大辞典に載っているありとあらゆる単語、おまけにメルヴィル自身による造語までもが鏤(ちりば)められている。[★22] ある評者はこの込み入った長編の中に分け入り、何とか最後までたどり着いて生還したものの、まさに満身創痍という状態。辛口書評を手加減なしにこう締めくくっている。「もし読者のなかで、下手なレトリック、複雑な構文、大げさな感情表現や支離滅裂な英語といった悪文の実例を求める方がおられたら、僭越ながらメルヴィル氏によるこのご立派な著作をお勧めしたい」　こうした評価は珍しいものではなかった。大半の評者はメルヴィルの分かりづらい上にとりとめもなく続く文章に困惑し、往々にして激怒していたようだ。『ロンドン・アシニーアム』誌の評論家は「彼の物語の文体は（乱れたというより）イカれた英語のせいで、そこかしこに醜い歪みが見られる」と嘆いている。

その狂った性質は「実話をもとにした信頼できない草稿」という設定が一因だと見て間違いない。『白鯨』は一人称で語られる。一部の（もしかすると大半の）一人称小説は語り手の視点から、これは本だという認識のない状態で語られる。『白鯨』は違う。捕鯨船ピークオッド号に乗り、凶暴で名を馳せる白いクジラ、モービィ・ディックを追った日々を乗組員のイシュメイルが記したもの、という体裁を取るのである。海での学びを本にまとめたというのは、イシュメイルがしたことの中で唯一、とても有益と言えることかもしれない。

〔捕鯨業への非難に応答し、その意義を語った後で〕

> And, as for me, if, by any possibility, there be any as yet undiscovered prime thing in me; if I shall ever deserve any real repute in that small but high hushed world which I might not be unreasonably ambitious of;

★22　訳注：*Oxford English Dictionary* によるとメルヴィルの造語には squitchy（グショグショ：3章）、nappishness（まどろみ気分：11章）、grandissimus（クジラのペニス：95章）などがある。

if hereafter I shall do anything that, upon the whole, a man might rather have done than to have left undone; if, at my death, my executors, or more properly my creditors, find any precious MSS. in my desk, then here I prospectively ascribe all the honour and the glory to whaling; for a whale-ship was my Yale College and my Harvard.

さて、この私自身について言うと、もし万が一にも私の中にいまだ未発見の美点があったならば；あまりに不相応な望みではないだろうかという気もするが、もしあの小さくも高みにある静謐な世界で真に評価されることがあったならば；またもし今後、一般に、どちらかと言えばした方が良いようなことを何かしたならば；もし、私の死にあたって、遺言の執行人が、あるいはより適切に言うと借金の債権者たちが、私の机で何かしら貴重な原稿を見つけることがあったならば、あらかじめ宣言しておくが、その名誉と栄光はすべて捕鯨に帰せられるものである；捕鯨船こそ我がイェール大学、我がハーバードなのだから。（24章「弁護」）

『白鯨』は本として意識されているだけでなく、まだ下書きである——少なくとも、この程度の未完性はやむを得まいとイシュメイルが自覚している分は。各種のクジラを生物学的に分類していく箇所の末尾で、彼はちょっとした釈明を付け加えている。

Finally: It was stated at the outset, that this system would not be here, and at once, perfected. You cannot

> but plainly see that I have kept my word. But I now leave my cetological System standing thus unfinished, even as the great Cathedral of Cologne was left, with the crane still standing upon the top of the uncompleted tower. For small erections may be finished by their first architects; grand ones, true ones, ever leave the copestone to posterity. God keep me from ever completing anything. This whole book is but a draught—nay, but the draught of a draught. Oh, Time, Strength, Cash, and Patience!
> 最後に：本章冒頭でも述べたように、この分類はここで、一息に、完成されることはない。ご覧になって明らかなように私は自分の言ったことを守ったわけだ。ともあれこの鯨学体系はひとまずこうして未完のまま置いておこう。ちょうどケルンの大聖堂がそうなっていたように、しかも起重機（クレーン）を未完成の塔のいただきに置いたまま[★23]。小さな構築物ならば最初の着工者が完成させることもあろう；だが壮大な物、本物は、仕上げの石を後世に託すのが習いである。神よ、どうか私が何も完成させぬようお導きを。本書全体も下書きにすぎない——否、むしろ下書きの下書きである。おお、時間よ、体力よ、金よ、そして忍耐よ！（32章「鯨学」）

現代の『白鯨』愛読者のうち少なくともひとりは、同書のこうした側面を美点や魅力の一部だと認めている。「と

★23　訳注：ケルンはドイツ西部の都市。大聖堂はザンクト・ペーター・ウント・マリア大聖堂のこと。メルヴィルが実際に同所を訪れたのは1849年で、最終的な完成は1880年。

はいえ『白鯨』は小説ではない。そもそも書籍と呼べるかも怪しい」とフィリップ・ホーアは『ニューヨーカー』誌で述べる。「むしろこれは伝達行為であり、伝えられるのは巨大で計り知れないクジラの姿をめぐってぶらつく考えやイメージ、人類史と自然史の数奇な巡り合わせについての長大な思索である」 このクジラに関して「ぶらつく考えやイメージ」は全部で4000を超えるセミコロンで宙づりにされている。話の筋はどこまでも広がっていき、単に一頭のクジラだけでなく、それを追う人間にとってそのクジラが持つことになる、ありとあらゆる象徴的な意味合いまでも捉える射程を持つが、セミコロンという頑丈な釘がそれをつなぎ止めているのである。

話の筋に関していうと、それほど大したものではない。「その筋書きは類を見ぬほど貧弱で、起きる出来事だけなら延々と3巻[★24]も費やす必要はなく、1巻のさらに半分に圧縮して丁度いいほどなのだから」と『ロンドン・ブリタニア』誌の評者は不満をあらわにした[★25]。現代の読者の多くも同様の感想を抱いている。むしろ、同書の真に重要な場面が訪れるのは、イシュメイルが余談と思しきものに脱線するときである。「クジラの脂肪」や「白という色」や「神による創造以来クジラは小型化したか」などについて、それぞれ丸々1章を費やしたりしている。そして章の中で

★24 訳注：最初にイギリスで出版された版は全3巻の分冊形式だった。

★25 私の大好きな教授は元弁護士で、レポートを読むときも法曹の文章感覚を忘れない。余分・曖昧な修飾はひとつ残らず削除し、ひょいと赤線を引っ張って、そのわきに端正な字で「不要」と書き込む。『白鯨』に出てくる名詞や動詞にはほぼ必ず形容詞・副詞が乗っかっているが、その修飾語の山に教授が突っ込んで行ったら一体どんな作品になるだろうと時々想像したりする。

も、イシュメイルはわき道に逸れがちだ。

　メルヴィルという作家が長い文に抵抗がないのは確かだが、単純な長さで言えば、私はもっと長い文を見たことがある（昔ハマってたんですけど、フォークナー[★26]の話、聞きます？）。別に、メルヴィルは文頭からピリオドまでの距離を稼ごうと思ってセミコロンを使っているわけではない；むしろ、彼のセミコロンは、読者をゆっくり、ゆったり、心地よく、読んでいたはずの話題から引き離していく機能を果たしている――話題とは例えばクジラの頭部切断法、あるいは風の読み方、あるいは食人の風習など。

　私なら心地よくと表現するが、こうした脱線をまったく心地よく思わない読者も当然ながら存在し、そうした人たちは、本作をアメリカ小説の傑作とする現代的評価よりも、メルヴィルと同時代の評論家に賛同することだろう。たしかに、1920年代に文芸評論家に再発見されたのち、メルヴィルの失敗作は古典的傑作に変貌を遂げた。『ガーディアン』紙による「英語で書かれた小説ベスト100」では「博学で面白く、グッと引き込まれる」と評されている。だが今日の読者が『白鯨』を手にするのはその文学的評価ゆえ、あるいは授業で必須文献に指定されているためである。ものの数ページも読めば多くの人は限界に達し、躊躇なく深い海の底へ投げ捨てるだろう。話の筋が進み出しても、イシュメイルの語り方はとてもじゃないが簡潔とは言いがたい。例えば次のように、セミコロンで複数の出来事をつないでひとつの流れにすることが頻繁にある。〔脂身を取るべくクジラの体に切り込みを入れ、フックを

★26　訳注：フォークナーは長文で有名で、小説『アブサロム、アブサロム！』内の一文はその長さでギネス記録に認定された。

差し込み、船の滑車で引き上げ始めた場面〕

> When instantly, the entire ship careens over on her side; every bolt in her starts like the nail-heads of an old house in frosty weather; she trembles, quivers, and nods her frightened mast-heads to the sky. More and more she leans over to the whale, while every gasping heave of the windlass is answered by a helping heave from the billows; till at last, a swift, startling snap is heard; with a great swash the ship rolls upward and backward from the whale, and the triumphant tackle rises into sight dragging after it the disengaged semicircular end of the first strip of blubber.
> するとたちまち、船全体が横に傾(かし)ぐ；寒風吹きすさぶ荒(あば)ら屋の釘さながらに船のボルトが一つ残らず外れそうになる；船体は震えおののき、怯えるマストは天に対して頭を垂れる。どんどんと鯨の方に傾いていくなか、巻き上げ機は激しくあえぎ、一巻きするたび逆巻く大波が応じてくる；するとついに、何かが裂けるような鋭く凄まじい音が；巨大な水音とともに船体が跳ね上がり、鯨の逆方向に振れ、滑車が悠々と上がってくるのが目に入る。そこにぶら下がっているのは鯨から半円形に剥ぎ取った脂肪の最表層だった。（67章「脂身切り」）

メルヴィルはジョークですら長々とした設定を要し、そのせいで当面の話題から逸れてしまったりする（そしてその当面の話題というのも、毎度のことながら、同書の「主な出来事(メインイベント)」

からすればすでに余談であることが多い)。

> In the case of a small Sperm Whale the brains are accounted a fine dish. The casket of the skull is broken into with an axe, and the two plump, whitish lobes being withdrawn (precisely resembling two large puddings), they are then mixed with flour, and cooked into a most delectable mess, in flavor somewhat resembling calf's head, which is quite a dish among some epicures; and everyone knows that some young bucks among the epicures, by continually dining upon calves' brains, by and by get to have a little brains of their own, so as to be able to tell a calf's head from their own heads; which, indeed, requires uncommon discrimination. And that is the reason why a young buck with an intelligent-looking calf's head before him, is somehow one of the saddest sights you can see. The head looks a sort of reproachfully at him, with an 'Et tu, Brute!' expression.
>
> 小型のマッコウクジラであれば脳みそが美味とされている。まず頭蓋骨を斧で割り、二つのボテッとした白っぽい脳葉を取り出し(まるで二つの巨大なプリンだ)、次に小麦粉を加え、それに火を通すと何ともオツな一品になるのだが、その風味は仔牛の脳にもいくぶん似ており、これは一部の食通の間では絶品とされる;ご存じのように、食通の中でも未熟な連中は仔牛の脳みそを地道に賞味し続けることで、そのオツムにも自前の脳みそが少しずつ出来てきて、どうにか仔牛

の脳と自分の脳の区別がつくようになったりするらしい[★27]；たしかに両者を見分けるのは並大抵のことではない。若造が聡明そうな仔牛の頭を前にしている状況、それがどういうわけか滅多にないほど痛ましい光景であるのは、こうした理由によるものだ。牛の頭は恨めしそうな目つきで、こう言いたげな表情を浮かべる。「ブルート（けだもの）、お前もだ！[★28]」（65章「美食としての鯨」）

おっと失礼――クジラを食べる話をしてたのだった……。

「その大海のような包括性と倒錯した脱線は、尽きせぬ閃（ひらめ）きと深読みの源となっている」とフィリップ・ホーアは述べる。「崇高な印象で名高い「鯨の白さ」の章などでは――正常さを棚上げしたまま連想が展開し、かすかに猥褻さを帯びるさまはもはや幻覚に近い――メルヴィルは話題を取り上げ、そして分解し、信じられぬほど精巧なツタ模様さながらに仕立て上げ、とうとう読者は「どうして自分（あるいは著者）はこんな話に行き着いたのだろう」と考え込んでしまう」 最終的にメルヴィルによる白さの考察は巡りめぐってモービィ・ディックを捕らえる話に戻ってくるが、そこにたどり着くまでの間、芸術や科学のほとんどありとあらゆるテーマに取っかえ引っかえ首を突っ込んでいる。

Is it that by its indefiniteness it shadows forth the

★27　訳注：英語のcalfは「仔牛」のほかに「頭の空っぽな若者」という比喩的な意味も持つ。

★28　訳注：ローマの将軍カエサルが暗殺される際、信頼していた人物まで一味の中にいることに気づき、裏切りを悟って口にしたとされる「ブルータス、お前もか」（Et tu, Brute）のもじり。

heartless voids and immensities of the universe, and thus stabs us from behind with the thought of annihilation, when beholding the white depths of the milky way? Or is it, that as in essence whiteness is not so much a color as the visible absence of color, and at the same time the concrete of all colors; is it for these reasons that there is such a dumb blankness, full of meaning, in a wide landscape of snows—a colorless, all-color of atheism from which we shrink? And when we consider that other theory of the natural philosophers, that all other earthly hues—every stately or lovely emblazoning—the sweet tinges of sunset skies and woods; yea, and the gilded velvets of butterflies, and the butterfly cheeks of young girls; all these are but subtile deceits, not actually inherent in substances, but only laid on from without; so that all deified Nature absolutely paints like the harlot, whose allurements cover nothing but the charnel-house within; and when we proceed further, and consider that the mystical cosmetic which produces every one of her hues, the great principle of light, for ever remains white or colorless in itself, and if operating without medium upon matter, would touch all objects, even tulips and roses, with its own blank tinge—pondering all this, the palsied universe lies before us a leper; and like wilful travellers in Lapland, who refuse to wear colored and coloring glasses upon their eyes, so the wretched infidel gazes himself blind at the monumental white shroud that wraps all the prospect around him. And of all these things the Albino Whale was the symbol. Wonder ye then at the fiery hunt?

〔白という色が魔力的な性質を持つわけは〕銀河の白い深みを眺めると、それが茫漠としているせいで宇宙の非情な空虚さと広大さがひたひたと伝わってきて、消し飛んでしまいそうな思いに背後から刺し貫かれるためだろうか。あるいは、本質というもののあり方と同様に白色というのは色の一種というよりも色の欠如が見えている状態であり、と同時にあらゆる色が凝集したものでもあるためだろうか；まさに上記の理由ゆえに、一面の雪原には意味の充満した無言の空白が――無色でありながらの全色という、たじろいでしまうような無神性があるのだろうか。また、自然哲学者による別の理論[★29]を考えに入れると、白以外のこの世の色はすべて――壮大であれ可憐であれ装飾はみな――夕焼けに染まる空や森の甘美な色合いも；さよう、金色に輝く蝶の色つやも、蝶のような少女の頬も；これらはみな単に巧妙(かうめう)な錯覚であって、実際は各物質に固有のものではなく、外部から与えられたに過ぎぬことになる；すると神聖視されてきた〈自然〉もすべて娼婦のごとく徹底的に塗りたくっているわけで、その魅惑の内に隠されているのは墓場にほかならない；そしてさらに進んで考察すると、自然のありとあらゆる色彩を作り出す神秘の化粧術、一大原理たる

★29　訳注：イギリス経験論の祖、ジョン・ロックが特に念頭に置かれている。その理論によると「色」は主観的な第二性質であって、「数」のように認識から独立した第一性質ではないとされる。

> 光も、それ自体はとこしえに白色ないし無色であり、もし媒質なしに物体に作用すれば、あらゆる対象を、チューリップやバラでさえも、光本来の空白の色に染め上げることだろう——こうした物思いにふけっていると、萎えた宇宙は一人の癩病(らいびょう)者として目の前に横たわる；そして極北ラップランドでも物に色をつける色つき眼鏡をかけようとしない強情な旅人のごとく、神を退ける哀れな人間は視界の全体を覆う巨大な真っ白の埋葬衣を直視して視力を失うというわけだ。そしてこれらすべてを象徴するのが、あの白子(アルビノ)鯨だったのだ。さすれば死に物狂いの狩りに何の不思議があろうか。★30（42章「鯨の白さ」）

モービィ・ディックの白さは「神秘的でほとんど語り得ない」ような「おぞましさ」をかき立て、イシュメイルはそれを「理解可能な表現に落とし込むことをほとんど諦めて」いたが、セミコロンはその恐怖感を捉えるにはまさに最適の記号だったのだ。

イシュメイルが諦めるのも無理はないと考える読者もいた。たしかにモービィ・ディックの白さをめぐるメルヴィルの考察は示唆に富んでいて美しいと感じる読者が（私を含め）多いとはいえ、人によっては戸惑い、近寄りがたさを感じてしまった。特に、メルヴィルの過去作を貪るように読んだ後に同書を手に取った読者であればなおのことだった。彼は作家として初期の頃から、プロットの見えづ

★30　訳注：白色は「宇宙の中での人間の地位」「神の存在」「自然の色彩美」などを否定するように思えるため、その悪しき白を体現するモービィ・ディックの捕殺を何としても目指すということ。

らい『白鯨』のように不明瞭な文体だったわけではない。デビュー作『タイピー』はふたりの船乗りがポリネシアで繰り広げる冒険を語ったもので、一躍ベストセラーに。この頃に戻れたらと願う評論家は多かった。「メルヴィル氏は冒険を手がけるごとに奔放さと制御不能の度を増していく」と『ニューヨーク・エヴァンジェリスト』紙の評者は述べる。「初期作『タイピー』と『オムー』では現実世界を装って語り始めていた。と言っても極めてうっすらとした装いに過ぎぬことも多かったが。だが次第に、実際に起こりそうに見せかける手法を捨て、真実らしきフィクションを離れて曖昧模糊とした詩趣と幻想の中に迷い込み、そして今回この最新作の冒険にもなると、まさに常軌を逸したリンボー[★31]にたどり着いている」 まだ「現実の装い」があった『タイピー』では、セミコロンは比較的数を抑えていた(まあ、それでも多用していることには変わりないが)。同書は総語数が約10万7000語でセミコロンは845回使われており、およそ127語につきセミコロン1回という割合だ。一方で『白鯨』の語数は大体その倍の21万語ほどだが、セミコロンはなんと**4000回**超も使われている。実に52語に1回は出てくるペースだ。セミコロンはまさに『白鯨』の関節で、それがあるからこそ、多種多様なテーマをめぐる旅には欠かせない自由な動きが可能となっている。

★31 この評者はlimbo(辺獄)を「忘却の彼方」のような意味で使っているが、リンボーダンスの方が思い浮かぶ現代の読者の場合、どんどん厳しくなる文学作法のハードルをくぐり抜けようとして大きくのけぞっているメルヴィルを想像しても趣旨を大きく取り違えたことにはならないだろう。

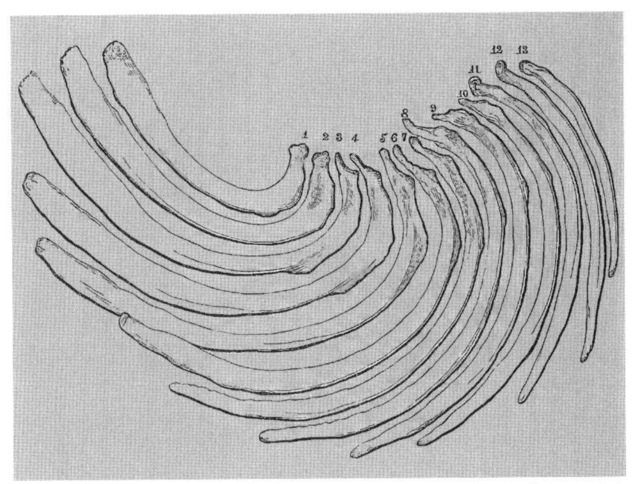

セミクジラの肋骨（1〜13）を並べたもの。ウィリアム・フラワー著（1866年）『クジラ類に関する最近の覚え書き』（*Recent Memoirs on the Cetacea*）p. 115より

D・H・ロレンスは1920年代にメルヴィルを無名の地位から引き上げるのに貢献したが、『白鯨』については次のように書いている。「このクジラ狩りには真に圧倒される何かがある。もはや超人的ないし非人間的で、現実離れした壮大さ、人間の営みを超えた迫力を持つ何かが」 テーマだけでなく語りの構造と野心においても『白鯨』は時代を先取りし、未知の海域に繰り出していた。船乗りが陸の見えなくなるところまで出ていくために様々な機器を要したように、『白鯨』にも当時のジャンルの制約を超えるため様々な表記技術が必要だった。そうした驚きの技術のひとつが——たおやかでいて頼もしい羅針盤の針のような——セミコロンだったのだ。

みなまで言うか、委ねるか

　ある日の午後、雨のロンドンにて。イギリス在住の友人スーザンはティーカップを口に運びながら私と目を合わせ、注意深く言葉を選ぶ。「こっちだと、そこまで人気の作家じゃなかったりするかも」　この遠回しな表現は、私がヘンリー・ジェイムズの使ったセミコロンに関するセクションを執筆していると伝えたときの反応だ。ちゃんとこう伝えておいた。「大丈夫、別にアメリカでも人気なわけじゃないからさ[★32]」

　『白鯨』の評価が「ぬるい」から「さめた」あたりが相場だとすれば、ヘンリー・ジェイムズの後期作品の評価は多くの場合「氷のように冷え切っている」といったところだった。彼の読者は「激しい断続的な憤り」を覚えた。彼の書く文は「ややこしく難解で、ひしめき合う暗示や思いの中をもがきながら進んでいく」　1904年の作品『黄金の盃（さかずき）』（*The Golden Bowl*）に対する書評のひとつは「選ばれし少数の読者にしか向かぬ小説」と題されていた。その評者はこう言い切っている。「これほどまでに読むのが困難な本は間違いなく前代未聞だ。本書は現代人のきわめて複雑で、あまりに洗練され、あまりに敏感な性質を、この上なく綿密に心理学的に分析したものである」　気楽な読書スタイルの人だと「読めたものではな」く、ソファーにごろ

★32　アメリカ人はヘンリー・ジェイムズが同胞の作家と知って驚くことが多い。てっきりイギリス人かと思ってしまいがちなのだ。ジェイムズは自分がアメリカ人かイギリス人か読み手に悟られないことを望んでいたが、どうやら自国の読者に対しては上手くいったらしい。イギリス人のことも同じように騙せているのか気になるところだ。

んと寝っ転がるだけで生活が完結しているような人でもない限り、挑戦すらやめておいた方がいい。「その錯綜した文体や表現方法を読みこなすには人生は短すぎる」のだから。あるいは、より慎重な別の評者はオブラートに包んでこう表現している。同書は「ヘンリー・ジェイムズの筋金入りの読者」に限って勧められる、と。[★33]

少なくともメルヴィルは一般人としての生活にそっと戻ることができた。だがヘンリー・ジェイムズの場合、そう上手くはいかなかった。一因として、兄のウィリアムが有名人だったということがある。心理学者で哲学者のウィリアム・ジェイムズは大衆から愛された。彼は人前に立つのを得意としていたが、ヘンリーはインタビューにも応じず、とうとうサセックスの片田舎に引きこもってしまった。弟というのは得てしてそういうものだが、ヘンリーは嫌でも兄と比べられる運命(さだめ)だった。ウィリアムの成功は長く影を落とし、ヘンリーが称賛の光を浴びることはあまりなかった。

> ある人いわく、「ヘンリー・ジェイムズは心理学者のような書き方をする小説家、ウィリアム・ジェイムズは小説家のような書き方をする心理学者」である。この気の利いた言い回しは後者を高く評価している。科学者が自身の専門について魅力的な文章を書く方が、文学者が悪癖を身につけて小難しくなるより遥かに難

★33　現代の書評だと、サンドラという投稿者がAmazon UKに書き込んだ『ある婦人の肖像』のレビューが上手い見立てをしている。「著者はとにかく書くのが好きなようだ。話の核心以外ならほぼ何でも」彼女の評価は★1つだ。

しいからだ。ウィリアム・ジェイムズが最も人気の学者であることは疑いようがなく、一方ヘンリー・ジェイムズは最も人気のない小説家だと考えられなくもない。

60代になると、ヘンリーはそれまでに寄せられた賛否両論の書評に向き合い、初期作品群に立ち戻って改訂版を制作した。この大幅な変更が施された作品はスクリブナー社から1907 ~ 1909年に出版され、「ニューヨーク版」と呼ばれている。以前は登場人物の心の隅に影がかかっていたが、改訂版は内面にも光を容赦なく当て、一つひとつの文に渾身の心理描写をこれでもかと盛り込んだ。この改訂には戸惑ってしまう。突如として、読み手が想像や推測を働かせる余地がほとんどなくなってしまったのだ。あらゆる思考をこと細かく言語化し、あらゆる対象をへこへこと描写して回った結果、いかにも息苦しい雰囲気の作品になっている。述べられていない部分など残っていない。

このように膨れ上がった文章はそもそも理解することすら困難になる。小説『アメリカ人』(*The American*)の1877年版の率直だった文が、いかに難解で労力を要するものになるか見てほしい。オリジナルも決して短い文でないとはいえ、よくまとまっている。
〔主人公ニューマンが、思いを寄せるフランス人女性クレールについて、内気な性格という印象を思い直す箇所〕

She was a woman for the light, not for the shade; and her natural line was not picturesque reserve and mysterious melancholy, but frank, joyous, brilliant

action, with just so much meditation as was necessary, and not a grain more.
彼女は光の女性で，陰の女性ではない；その生まれ持った気質に合うのは趣のある慎み深さや謎めいた憂鬱ではなく，率直で楽しげで晴れやかな行動であり，考え込むのは必要な分だけ，それを微塵も超えはしない。（『アメリカ人』13章）

改訂版だと、その句読点はかろうじて文を繋ぎ止めているといった様子だ。コロン、コンマ、そしてセミコロンの柵を破って言葉がどっと溢れ出している。

She was a creature for the sun and the air, for no sort of hereditary shade or equivocal gloom; and her natural line was neither imposed reserve nor mysterious melancholy, but positive life, the life of the great world—his great world—not the *grand monde* as there understood if he wasn't mistaken, which seemed squeezable into a couple of rooms of that inconvenient and ill-warmed house: all with nothing worse to brood about, when necessary, than the mystery perhaps of the happiness that would so queerly have come to her.
彼女という人間に相応しいのは陽の光と外の空気であって，生来の影や判然としない陰気さの類いではない；そしてあの人の生まれ持った気質に合うのは無理に装った慎みでも謎めいた憂鬱でもなく，積極的な生活，壮大な世界——僕の側の壮大な世界[★34]——での生活であって，社交界（*grand monde*）とやらに留まるのは似つかわしくなく，そもそも，僕の考え違いでなければ文字通り「大きな世界（グラン・モンド）」と解されているようだが，その規模などあの不便で暖房も不十分な屋敷の二，三室に詰め込んでしまえそうな程度ではないか：何か考え込んでしまうことがあったとしても，かくも不思議と自分のもとに舞い込んできた幸福の謎か何かについて，一体どういうことかしらと，必要な場合に限って考えるぐらいが精々のところだろう[★35]。

「改訂はいくらでもやって良いんですよ！」なんて学生に言っていた時期が私にもあったが、ジェイムズをあれこれ読むようになって考えを改めた。

改訂によって特に一変した様子が垣間見えるのが、『ある婦人の肖像』（*The Portrait of a Lady*）の結末近くの名場面だ。主人公のイザベル・アーチャーは騙されてギルバート・オズモンドと結婚。この男は元愛人のマダム・マールと手を組み、イザベルが相続した莫大な財産を横取りしようと画策する。オズモンドのたくらみを見抜いたイザベルはふと気づくと、かつて交際を断ったがいまだに言い寄ってくる男（キャスパー・グッドウッド）と二人きりの状況。一人にしてと泣きながら伝えた後にイザベルとグッドウッドの間で何が起こるのか、1881年のオリジナル版は曖昧で限定的にしか説明せず、「稲妻」の比喩が最大限に効果を

★34　訳注：クレールのいるヨーロッパと対比される、ニューマンの故郷・新大陸アメリカのこと。

★35　訳注：「これほど魅力的な男性（ニューマン）が現れるとは一体どうしたことか」と彼女が考えたりするのではないかと、ニューマンが自分に都合の良い想像をしている。

発揮している。

He glared at her a moment through the dusk, and the next instant she felt his arms about her and his lips on her own lips. His kiss was like a flash of lightning; when it was dark again she was free.
彼は暗がり越しに一瞬彼女を見つめ、次の瞬間、彼女は彼が腕を回し唇を重ねてくるのを感じた。彼のキスはまるで閃く稲妻；再び暗くなると彼女は自由だった。

この完璧な文をいじる必要などあろうはずがない。しかし、彼はいじってしまった。

His kiss was like white lightning, a flash that spread, and spread again, and stayed; and it was extraordinarily as if, while she took it, she felt each thing in his hard manhood that had least pleased her, each aggressive fact of his face, his figure, his presence, justified of its intense identity and made one with this act of possession. So had she heard of those wrecked and under water following a train of images before they sink. But when darkness returned she was free.
彼のキスはまるで白い稲妻で、閃光がパッと広がり、もう一度広がり、そして留まった；それを受ける間、この上なく不快に感じてきた彼の強固な男っぽさの一つひとつが、顔立ち、姿、存在感の荒々しさ一つひとつが、その激しいあり方を免罪されてこの強奪行為において一体となったかのように、異様なほどにそう思われた。難破して溺れる人は沈んでしまう間際、こんなふうに頭の中で映像を順にたどるものだと聞いていた。[★36] だが闇が戻ると彼女は自由になっていた。

(『ある婦人の肖像』55章)

別に改訂のせいでひどい文章になっているわけではない。ただ、オリジナルと比べると力みすぎている印象だ。オリジナル版の文構造を見ると、個人的には犯罪映画の古典『月光の女』のゲイル・ソンダガード演じるハモンド夫人が思い浮かぶ。彼女はビーズのカーテンの向こうにきらびやかな服をまとって佇んでいる。そのセミコロンは文の前後半のはざまで揺らめく思わせぶりなベールであり、夢想するのに必要な分だけを覗かせる。

一方、改訂版のセミコロンはシシュフォス[★37]の神話を思い起こさせる。そのセミコロンは文の後半がズシッと肩に食い込んでいるかのよう。荒い息づかいで、何とかその重たい部分を先へ押し進めようと苦闘している。そこまでしてジェイムズが目指すところは……うーん、正直、よく分からない。ただ、彼がどこに向かっているにせよ、そのセミコロンは全体が崩れ落ちてしまわないように支えるだけで精一杯だ。文体の変化以上に重大なのは、効果的だった詩的逆説が消失している点である。雷の閃光、イザベルの身動きを麻痺させる電撃的な情熱が、まばゆい光の消滅に続く自由と隣り合わせにあるという美しくも不吉なパラドッ

★36　訳注：この直前で、イザベルはグッドウッドの腕に抱かれ、海底に沈んでいくような感覚を覚えている。

★37　訳注：ギリシャ神話の登場人物。神々を欺いた罰として、あと一息のところで必ず転がり落ちてしまう岩を空しく山頂へ押し上げ続けるという苦行が課せられた。

クス。それが改訂版では失われてしまっている。イザベルがグッドウッドに惹かれるというのはオズモンドとの結婚とは異なるタイプの拘束だが、それでもやはり自由の喪失であり、イザベルは自ら行為することなく行為を受ける側だ；光が消えると彼女は「自由」になり、走り去る。

ヘンリー・ジェイムズは過去の文章に立ち戻って丹念に変更を加えたが、その修正には不安が感じ取れる。まるで、元のバージョンの自由を読者に託してしまって大丈夫かと心配していたかのように。読者は何を想像するだろう、どう感じるだろう。やはり読者に任せっきりにしない方が良い――どうやらそう判断したらしい。作品全体を通してイザベルの心の内をことごとく書き記して文章を膨らませただけでなく、結末すら変えてしまった。イザベルがオズモンドを捨ててグッドウッドの方を選ぶのか、あるいはふたりとも捨てて自分ひとりで生きていくのか、そうした点で曖昧さが残らないようにしたのだ。ヘンリー・ジェイムズは改訂版で、イザベルがオズモンドのもとに戻ったということを最大限明確にした。そう考える以外の選択肢は読者に残されていない。彼は隙間を埋め、曖昧さを一掃してしまった。

一方、有名人の兄ウィリアムは曖昧性を単に許容しただけでなく、それを称揚した。「要するに、是非とも注意を向けたいのは、曖昧模糊としたものを私たちの心理の内に改めて位置づけている点である」と、大著『心理学原理』（*The Principles of Psychology*）に記している。厳密であることこそ科学の務めである、私たちはついそう思ってしまうが、ウィリアム・ジェイムズがハーバード大で心理学部設置に着手した際の言葉を見ると、むしろまったく逆の考え方をしている。「心の境界線は間違いなく曖昧である」と彼は力説した。

> It is better not to be pedantic, but to let the science be as vague as its subject, and include such phenomena as these if by so doing we can throw any light on the main business at hand ... At a certain stage in the development of every science a degree of vagueness is what best consists with fertility.
> 心というテーマに少しでも光を当てられるなら、細部にはこだわらず、心理学という分野をその対象である心と同じく曖昧にしておき、こうした現象も取り込んだ方が良い……いかなる科学もその発展プロセスのある段階では、一定の曖昧性こそが肥沃な成果と最もよく結びつくのである。（1章「心理学の範囲」）

ウィリアム・ジェイムズは、自身の文章の中で可能性を解き放つ方法を模索した。例えば講義ノートの余白に「ここでは与件（datum）のことを場（field）と言おう——いい具合に曖昧だ」と書き込んで用語を変更している。彼はideaのような心理学用語を評する際に「曖昧」を肯定的なニュアンスで使っていた。[★38] ウィリアムの改訂は窓を開け放つものだったが、ヘンリーの改訂はドアをバタンと閉ざしてしまった。

改訂前のバージョンにおけるイザベルとグッドウッドの

★38 訳注：『心理学原理』7章で a good vague neutral wordと評している。なおfieldは「領野」、ideaは「観念」と訳されることが多い。

キスシーンからも分かるように、セミコロンが曖昧性を助長することがあるのは間違いない。まさにその点がセミコロン嫌いの教授、ポール・ロビンソンがセミコロンに向ける非難のひとつだ。ポール・ロビンソンによると、セミコロンは「明確でない考えを取り繕うのに使われ」ることが頻繁にある。さらに続けてこう述べる。セミコロンは「ふたつの文を何らかの関係で結んでおきながら、一体どういう関係なのか書き手は言わずに済んでしまう[★39]」

最盛期のヘンリー・ジェイムズが用いたような詩的省略は間違いなく「明確でない考え」に分類されるものだろう。ロビンソンに限らず、不明確な考えを快く思わない人は大勢いる。そういう人からすれば塞がないと困る水漏れみたいなものであって、考えが流れるに任せるチャンスなどではない。アンチ水漏れ派の中には文章の穴を塞ぐことを稼業とするようになる者もいる。そう、分析哲学者である。分析哲学者は自分のことを明快で客観的で厳密だと考え、「……は明らかである」とか「……ということは明白だ」のような言い回しを好んで用いる（もちろん哲学にはそれ以外の流派——あるいは、私に言わせると哲学版「仲良しクラブ」——もある）。曖昧さ、それも意図的な曖昧さは、往々にしてこの手の人を過呼吸にしてしまう。にもかかわらず、分析哲学者は戦略的曖昧さのプロであるルートヴィヒ・ウィ

★39　たしかにセミコロンはいい加減な思考を隠すのに使えるけれど、それはセミコロンが本質的に抱える問題ではないし、セミコロン以外にだって同じような問題がある。カッチリしてない思考の例が見たい人～？　単語が少しとピリオドくらいがあれば、ポンポン作ってみせますよ。だとしても、ロビンソンが出くわすセミコロンによく見られる取り繕いは（特に学生のレポートに多いらしい）、彼に嫌悪感を与えるものであり、自分ではできる限り使用を控えているという。

トゲンシュタインを自分たちの派閥の創始者のひとりと見なしている。ウィトゲンシュタインは論証を抜きにして印象的な言葉で書き進めることがあり、彼を分析哲学陣営に含める人でさえ、彼が「異色」で、その文体が「学問としての哲学の限界を超越」していることを認める。ウィトゲンシュタインの曖昧さをビシッと正してスタンダードな哲学的文章になじむようにしたいという誘惑は、時折、翻訳者たちにとって抗いがたいものとなった。そうした人の多くは、単なる翻訳者ではなく、自身でも分析哲学陣営に属していた。G・E・M・アンスコムがウィトゲンシュタインのドイツ語を英語にするにあたり、その素晴らしく曖昧なセミコロンに何をしでかしたのか見てみよう。まずこれが原文だ。

> Der Philosoph behandelt eine Frage; wie eine Krankheit.
> （『哲学探究』255節）

この曖昧さが維持されるように訳すことも**やろうと思えば**できる。

> The philosopher treats a question; like an illness.
> 哲学者は問いを扱う；病気のように。

だがアンスコムの手にかかるとこうなる。

> The philosopher's treatment of a question is like the treatment of an illness.
> 哲学者による問いの取り扱いとは、まるで病気の治療

のようなものである。

まったく別の文になっている。ドイツ哲学の専門家エーリヒ・ヘラーが「深遠なる」セミコロン、「思考と平凡な内容の境界を画す」セミコロンと呼んだものは影も形もない。アンスコムは上の文の不明確さに、そしてその不明確さが複数の読み方を許すことに耐えられなかったんだろうか。分析哲学者は曖昧性を扱うってわけね；病気のように。★40

ヘンリー・ジェイムズも、勢いのある時期には、その気になれば不明確さに耐えることができたようだ。初期の文章ではたびたび、個人が思い浮かべる内容やふたりの間でほのめかされるメッセージといったものを模索している。『ある婦人の肖像』の初版について、ある評者はこう述べた。「基本的にジェイムズ氏は調和を拒み、ひとつにまとめる結末を試みはしない。読者はじれったい思いをさせられることが多く、想像に任せる終わり方には半ば怒り出してしまう」 まさにそれこそが彼の強みだった。地獄の責め苦を選ぶとすれば、私は間違いなくシシュフォス難構文ではなくジレッタイ曖昧文の方を希望する。

だがこの評者の指摘ももっともで、曖昧模糊とした表現が読者に一定の負荷をかけるのは確かだ。あるいはこう

★40　アンスコムが自分の願望でこうしてウィトゲンシュタインに体系性と確実性を押しつけているのだという点は見逃さないでほしい。20世紀半ばの哲学界なんて男子クラブみたいなものだったけれど、その環境でも卓越した才能を認められた輝かしく強靭な思想家で、絶対誰の言いなりにもならなかった。あるとき、彼女はボストンのフォーマルなレストランにズボン姿で入ろうとした。ズボンの女性はお断りだと言われると、躊躇なくそれを脱いで店に入ったという。

言った方が良いかもしれない。曖昧さは、執筆という行為が少なくとも二者間でのやり取りだという事実を際立たせる。つまり書き手と読み手、場合によっては執筆時の自分と後で読み返す自分である。文章をできる限り厳密にしようとする、あるいは明瞭であろうとする、そのこと自体は何らおかしくない。それを目指すことは多くの場合生産的であり、それが相応しい場面はある。しかし時には話し合って答えを出す、言葉を交わすという営みもそんなに悪いことではないだろう。曖昧さが有用で生産的なこともあるし、新たなアイデアが生まれる余地を作ってくれたりもする。書き手が差し出す内容から読み手が何かを生み出すことのきっかけにもなる。4章と5章で見たように、透徹した明晰さを目指す文章でさえ議論の余地が残るものなのだから、私たちがなすべきは、曖昧さによってどのような生産的可能性が開けるか、そして有用な曖昧性をどう見分ければ良いか、これを前向きに考えることだろう。しっかり努力すれば曖昧さは消し去れるなどと無理に言い張るのではなく。

曖昧な表現を見るとひどく落ち着かなくなることがあるのは、「書く」ということが突き詰めればすべて信託行為だからというのが一因だろう。読み手としては、頑張って読むだけの価値があるものを書き手が差し出していると信じる。真実を伝えている、少なくとも伝えようとはしている、というふうに書き手を信頼するわけだ。そして書き手は――メール、手紙、ツイート、本など何であれ――自分の言葉を読み手が寛容に解釈してくれることを希望する。真摯に取り合ってほしいときにはそうしてもらえることを望む。理解されることを望む。曖昧さを根絶しようと努力すれば（いかに絶望的なあがきだとしても）、その不安が多少は和らいでくれる。だが想像力を働かすことのできる芸術――まさにヘンリー・ジェイムズの初期作品が披露したようなもの――は、曖昧さが価値を持ちうることの美しい証である。なにしろ、不明確性というのはとても人間的であり、人間の良さを最大限に引き出してくれるものなのだから。「僕を信じてくれたら、失望なんてさせやしない！」とグッドウッドはイザベルに言う。ジェイムズが『ある婦人の肖像』で手を加えずに残した台詞だ。ねえヘンリー、あなたも読者を信じてくれたら、きっと失望なんてしないでしょうに。

ラインとダッシュ：セミコロンなんてもう古い？

自身の小説が執拗に批判を受けていたせいか、ヘンリー・ジェイムズはインタビューを受け付けなかった。その頑なさは有名だったため、1915年に彼が自身初のインタビューを許可したのは『ニューヨーク・タイムズ』紙の記者にとって嬉しい驚きだった。実に71歳のときのことである。アメリカ志願救急車両隊という団体の慈善活動を周知したい気持ちがあったため、彼は重たい口を開いたのだった。自分の考えをきちんと再現してほしいという強い思いから、ジェイムズは「相当に気を配って」話し、「言葉だけでなく句読点にも注意」するよう求めた。ジェイムズの方からその話題を出してくれて弾みがついたのだろう。インタビューの中頃で記者は予定していた話から脱線してみた。「あの、ジェイムズ先生はダッシュの専門家として有名かと思いますが」 すぐに鋭い応答があった。

> 「専門家なもんか！」 彼はたまらなくなった様子で答えた。「いいですか、句読点を権威の問題にするなんて、読者に対する他のどんな伝達ツールの権威化にも負けず劣らず馬鹿げてます。そういうツールはどれも、どういうことをしているか、どういう効果を狙うか次第なんですよ。ダッシュはですね、何とも陳腐なことを言うようですが、特有の表現性、生き生きとした力を持っています。大雑把に言えば、なじみのある感じと強調する感じが出るわけで、まさにそういう感じが求められる場合、コンマもセミコロンも及ばないほど適切な表現になるんです；とはいえセミコロンを使いこなす繊細な感覚というのも、文全体のスタンスを決める過去完了や仮定法の感覚というものと同様、なかなか得がたいようですね」

現代だと作家がダッシュの駆使で有名だなんてちょっと想像しがたいが、ヘンリー・ジェイムズは実際そうだった。彼の小説内でのダッシュは——およそどのページを見ても道を切り開いている——まるで登場人物の淀みなく流れる思考を導く矢印（ベクトル）——また時にはその逆で——ひとつの考えが次の考えに慌ただしく移るのを遮る障害（ハードル）。彼が描く人物の思考は、それほど勢いよくページ上に漏れ出てしまうのだ。私的な手紙では、普通なら段落を変えるような話題転換の際の目印としてダッシュを召集した。ジェイムズの多目的ダッシュは驚くほど現代的に見えるが、ほかの選択肢を考えに入れず反射的に使っていたわけではない。現代の私たちの多くはそういう使い方につい手を染めてしまうわけだが。ほんとに残念だ。使いようによっては素晴らしい記号だというのに。ドイツの刺激的なロマン作家ハインリヒ・フォン・クライストの短編「O侯爵夫人」(1808年) の中で侯爵夫人は意識を失っている間に犯されるが、クライストは夫人の記憶から欠落した時間を表現するのにダッシュを用いている。この作品は模倣表現(ミメーシス)や、あえて控えめに述べる皮肉が詰まった傑作だ。エミリー・ディキンスンの後期の詩作を見ると、ほぼすべての行にダッシュの切れ込みが1つか2つ入っている。ニコルソン・ベイカーはコンマなどの直後にダッシュを置くのを好み、そうしたハイブリッド記号を「雑ッシュ」(dashtard) と名付けている。★41 いずれのダッシュも熟慮と慎重な選択の末に使われたものである。

しかし近頃だとダッシュは「第一候補の句読点」であり、コンマ、コロン、セミコロン、そしてピリオドの代わりを務めることができる。今や「ダッシュ時代」なのだ。何億もの親指があっちこっちで何億ものスマホ画面をサッと撫で、ダッシュを大急ぎ(ダッシュ)で入力している。数年前、私は四旬節(レント)★42 の時期にダッシュを使うのをやめてみた。★43 自分の書

★41　訳注：dashとbastard (雑種) を合わせた語と思われる。ヴィクトリア朝英語の特徴であり、例えば評論家のトマス・カーライルはコンマ+ダッシュ (commash) を多用した。

> Obstructions are never wanting: the very things that were once indispensable furtherances become obstructions; and need to be shaken off, and left behind us,—a business often of enormous difficulty.
>
> 障害は絶えることを知らない：以前はまさに必須の助力だったものも障害となる；振り切って，置き去りにする必要があり，——これは得てして困難を極める芸当だ。(『英雄崇拝論』第4講)

★42　訳注：キリストの受難を思い起こして断食・懺悔などを行う、イースター前の3月頃、日曜を除いた40日の期間。

★43　別に敬虔に神を信じるタイプでもないが、何らかの節制で自分を律するというレントの慣習は気に入っている。

いた紙面が横棒だらけでひどくうるさいと気づいたのだ。私はバックスペースをすり減るくらいに押しまくり、その決意を貫いた。ダッシュはすごく手軽で、すごく素早くて——近頃よくある使用法をすると——すごくいい具合に無意味だ。

それもこれも悪しきテクノロジーのせいだと、ついそう考えてしまう。世界が根本から変化し、崩壊し、悪くなっているかのように振る舞ってしまう。現実をそのように捉えるなら、多様な記号を一元化するダッシュの力はこの大きな衰退傾向の現れというわけだ。そう自分に言い聞かせると、先人たちの歩みに逆行することになる。150年以上も前のことだが、随筆家のソローはウォールデン湖畔に小屋を建て、都会の喧噪から離れて「深く暮らす」(live deep) ことにした。世の中というのはいつの時代もひどく騒がしく慌ただしく思えるものなのだ。技術革新の波を受けて転覆してしまったものも多々あるが、その分、新たな喜びもあることは心に留めておこう。連絡の途絶えて久しい友人もGoogle検索で見つけられる。どんなマイナーな趣味でもネット上にはコミュニティがある。本文をサッと検索する機能があるというだけで、まったく新しい形で本が読めるし、新しいデバイスのおかげで救急車を呼んだり窒息時の応急処置を素早く調べたりもできる。

それでもやはり、テクノロジーは与えながらも色々と奪っていく。するとこう感じてもおかしくはない。奪われているものの中に、ときどき立ち止まる (あるいはせめてスピードを落とす) という力がある。誰しも狂ったような光と音の波に呑まれ、なすすべもなく溺れかけていて、常に慌ただしく、この忙殺された状況の最たる現れがまっすぐ前に突き進んでいくダッシュというわけだ。セミコロンはというと、スピードを落とし、立ち止まり、[★44]考えるための手段である；何でもござれのダッシュとは違い、立ち止まって考え込むような間を取るものだから、ほかの句読点の代用として適当にポイッと文中に投入することはできない。レベッカ・ソルニット愛用の加速タイプのセミコロンでさえ、その調整にはじっくり考える時間を要する。セミコロンを使った文は大急ぎ（ダッシュ）で書くことはできないのだ。

都会に戻ったソローは「文明」から離れて得た教訓を文章にまとめ、今という瞬間を生きる生活を称えた。

> In any weather, at any hour of the day or night, I have been anxious to improve the nick of time, and notch it on my stick too; to stand on the meeting of two eternities, the past and future, which is precisely the present moment; to toe that line.
>
> どんな天候であれ、昼夜どんな時であれ、私はその刹那を有意義に使い、それを棒に刻みつけようと[★45]；過去と未来、そのふたつの永遠が出会うところ、まさに今この瞬間[★46]に立とうと；そのラインに足を揃えようと努めてきた。（『ウォールデン　森の生活』1章「経済」）

★44　完全には停止しない停止。この位置でピリオドを打ちたい人などいるだろうか？　非常ボタンを押したような、あるいは時計が深夜0時を告げるような、静まり返って打ち切る印象になってしまうのに。

★45　訳注：小説『ロビンソン・クルーソー』で主人公が無人島に漂着してからの経過時間を把握するため角材に毎日ナイフで印を刻み入れたというエピソードがあり、それを踏まえた表現。

★46　訳注：カーライル『英雄崇拝論』第5講にある「ひとつの生；ふたつの永遠の狭間で儚くきらめく時間」（One life; a little gleam of Time between two Eternities）という一節との関連が指摘される。

現在のテクノロジーに対処するすべを身につけ、自分自身も確かに存在していると感じられる空間を、なすすべなく未来に投げ込まれたり過去に繋ぎ止められたりしない暮らしを求める現代人は、はるかに歴史の古いテクノロジーであるセミコロンにもっと頼り、それを文に刻み込んでみるのも良いかもしれない；私たちもそのスタートラインに足を揃えてみよう。

8章

切なる訴え、単なる気取り

セミコロンを使うのはひけらかし?

悪質な曖昧さの温床じゃないか、というのはセミコロンを責め立てる非難のひとつに過ぎない。お高くとまった気取り屋(スノッブ)の記号だという見方もある。ポール・ロビンソンは「これ見よがし」だと言っている。『ロサンゼルス・タイムズ』紙で言葉のコラムを執筆するジューン・カサグランデは、セミコロンに関して、「使い方を心得ているのが嬉しくてたまらない奴らの御用達の記号で、そういう連中は平気で接続詞を出し惜しみ[★1]、自分の教養をアピールしてくる」と言い切っている。

セミコロンは気取っているという申し立てはここ数十年でどんどん一般化してきたが、少なくとも19世紀後半にはすでにそうした主張が見られる。ただ、当時のとある評論家はロビンソンやカサグランデを心底むかつかせ、いら立たせるセミコロンの「エリート」気質をむしろ称賛している。

> 「近代英文学の名手を選り分ける最もシンプルな方法は、使用しているセミコロンの頻度と適切さを注視することである」と言うと逆説的にも思える;とはい

★1 訳注:原文はshortchange(お釣りをちょろまかす、わざと釣り銭を少なく渡す)という単語を使っている。十分に言葉を尽くしてしかるべきなのに、知的な表記を披露する機会を作るため、あえて接続詞を出さないようにしているという趣旨。

え、オックスフォードのコレッジではプラムタルトの種をいかに品よく取りのけられるかを見てフェローが選抜されていたように、セミコロン・テストも同じく、作家が威厳ある面々と並ぶに足る資質を備えているかを決定的に判別するものかもしれない。

セミコロンの使い方で人の知性を判断するなんて、タルトからプラムの種を取り除くスキルでそれを判断するような真似にも負けないくらい、まったく賛成できない。しかし、セミコロンを抹消することにも賛同しかねる。タルトなんて気取っていると感じる人がどこかにいても、それだけで食べるのを控えたりなど私はしないが、それと同じ話だ。セミコロンをむやみやたらに嫌ったり、コンマを無条件に愛したりする必要はない。記号それ自体に忠誠を誓ったり恨みを抱いたりせず、個々の使われ方に心動かされれば良いわけだ。

セミコロンはエリート主義と結びつけられることがあるが、もちろん必ずしもそういうものではない。前章で見たようにアーヴィン・ウェルシュはスコットランドの訛りが入った文章でセミコロンを使っているが、それは別に登場人物の話す英語に「名門のイートン校出身で馬術のたしなみも世界トップクラスです」的な高級感を出したいからではない。ほかにも多くの作家がフォーマルな英語の枠からあえてはみ出しながらセミコロンを使用している。ジュノ・ディアス作『オスカー・ワオの短く凄まじい人生』は、主人公オスカーの友人ユニオールの視点からドミニカ訛りの英語で語られるが、あちこちでセミコロンが見つかる。チャールズ・チェスナットの作品「かわいそうなサンディー」は元奴隷のジュリアス爺やの言葉のリズムをセミコロンで捉えている。セミコロンをインテリの印として尊ぶのも叩くのも筋が通らないように私には思える。

さらに、セミコロンは平等を求める戦いに抜擢されたこともある。実は、私がこれまで出会った中で最も戦略的にセミコロンを配置しているのは、マーティン・ルーサー・キング・ジュニアによる「バーミングハム[★2]の獄中からの手紙」の一節である。これは不服従運動を行ったためアラバマ州で収監されていた期間に、彼が新聞の余白などに書き綴ったものだ。「キング牧師はもっと我慢して待つべきだ」と咎める記事を出した聖職者たちに向けて、公民権運動を起こすことの正当性を説いている。注目すべきセミコロンが含まれている箇所は長文だが、できれば声に出して読んでその効果を実感してほしい。

> Perhaps it is easy for those who have never felt the stinging darts of segregation to say, "Wait." But when you have seen vicious mobs lynch your mothers and fathers at will and drown your sisters and brothers at whim; when you have seen hate filled policemen curse, kick and even kill your black brothers and sisters; when you see the vast majority of your twenty million Negro brothers smothering in an airtight cage of poverty in the midst of an affluent society; when you suddenly find your tongue twisted and your speech stammering

★2　訳注：アラバマ州中北部の都市で、1960年代に生じた黒人差別反対運動の中心地のひとつ。

as you seek to explain to your six year old daughter why she can't go to the public amusement park that has just been advertised on television, and see tears welling up in her eyes when she is told that Funtown is closed to colored children, and see ominous clouds of inferiority beginning to form in her little mental sky, and see her beginning to distort her personality by developing an unconscious bitterness toward white people; when you have to concoct an answer for a five year old son who is asking: "Daddy, why do white people treat colored people so mean?"; when you take a cross country drive and find it necessary to sleep night after night in the uncomfortable corners of your automobile because no motel will accept you; when you are humiliated day in and day out by nagging signs reading "white" and "colored"; when your first name becomes "nigger," your middle name becomes "boy" (however old you are) and your last name becomes "John," and your wife and mother are never given the respected title "Mrs."; when you are harried by day and haunted by night by the fact that you are a Negro, living constantly at tiptoe stance, never quite knowing what to expect next, and are plagued with inner fears and outer resentments; when you are forever fighting a degenerating sense of "nobodiness"—then you will understand why we find it difficult to wait.

おそらく人種隔離の矢が突き刺さる痛みを経験したことのない方は、「待て」と安易に言ってしまうのでしょう。しかし、残虐な暴徒の気の赴くままに自分の母親や父親が木に吊るされ、気まぐれに自分の姉妹や兄弟が水に沈められるのを見たら；憎悪に満ちた警官が黒人の兄弟姉妹を罵倒し、暴行し、果ては撲殺してしまうのを見たら；2000万人の黒人同胞の圧倒的大多数が、豊かな社会の中にあって貧困という密閉された牢に閉じ込められ息が詰まっているのを見たら；さっきテレビで宣伝されていた公共遊園地に行けないのはどうしてなのと6歳の娘に尋ねられ、説明しようとすると急に舌がもつれ言葉に詰まり、肌の黒い子はファンタウン[★3]に入れないのだと言われた娘の瞳に涙が浮かぶのを目にし、その小さな心の空が不吉な劣等感の雲で陰り始めるのを目にし、白人に対する恨みが無意識のうちに募ってその人格が歪み始めるのを目にしたら；5歳の息子に「父ちゃん、なんで白人たちは黒人にこんなひどいことするの？」と聞かれ、答えをでっち上げないといけなかったら；車で米国を横断しようにもどの安宿（モーテル）も泊めてくれないせいで、毎晩毎晩、寝心地が悪くても車中泊するしか手がないとしたら；寝ても覚めても執拗に迫る「白人用」「有色人用」と書かれた掲示に屈辱を覚える状況だったら；自分のファーストネームは「黒んぼ（ニガー）」にされ、ミドルネームは（実際の年齢がどうであれ）「ボーイ[★4]」にされ、ラストネームは「ジョン」にされ、妻や母親は「ミセス」を付けてもらえず常に呼び捨てだったら；自分が黒人（ニグロ）だ

★3　訳注：ジョージア州アトランタの遊園地。
★4　訳注：非白人奴隷、ひいては黒人男性一般に対する侮蔑的な呼称。

> という事実に昼は悩まされ夜は苛(さいな)まれ、四六時中こそこそと生きており、明日どうなるかも分からず、秘めた恐れと剝き出しの憤りに苦しめられたら；「無価値な者」という劣位意識と果てしなく戦い続けていたら——そうであればきっと分かることでしょう、なぜ我々にとって待つことが難しいのかが。

キング牧師はじれったい思いで変化を待ち望んでいたが、読者も同じく丸々１ページほども待ち続けなくてはならず、セミコロンによる宙づり状態を余儀なくされ、その間ひたすら苦痛に次ぐ苦痛、屈辱に次ぐ屈辱が列挙され、強調のための長いダッシュを伴った最終部分でようやく地に足が着く。この長文を読むことで読者は息もつけず居心地の悪いまま待ち続ける経験をすることになり、変化をひたすら待つことの惨めさを綴ったキング牧師の言葉の迫力が一層際立つ。まさに模倣表現(ミメーシス)の極致である。そしてこの待ち続ける経験を生み出せるのはセミコロンならではかもしれない。キング牧師のセミコロンの役割は、リストの項目を区切るだとか、独立した文の間に軽く距離を作るだとかに留まらない。そのセミコロンは1963年のアメリカにおける黒人の生々しい経験に通じる窓を開くものだ。これほどエリート気質からかけ離れたものもないだろう。

しかし、権利の平等を訴えているにせよ、やはりこの文章にもどこか「エリート」的な要素があると言うこともできる。キング牧師は話すときも書くときも西洋の学問的伝統や規範に自然に収まる言葉づかいだった。「獄中からの手紙」のほかの部分しかり、手紙以外の文章しかり、キング牧師は西洋の古典を引用する——プラトン、トマス・アクィナス、聖書、マルティン・ルター、エイブラハム・リンカーン、トマス・ジェファーソン、マルティン・ブーバー、T・S・エリオット、アメリカ独立宣言など。彼の文章はエレガントでフォーマルだ。そうした文体の選択や、優れた知的系譜に連なることを示す周到な構成を、「単なるパフォーマンスだろう」と思うのは誤りだとしても、彼がレトリックを駆使し、自身の言葉づかいを自在に調整していたことは疑いえない。何といっても、この手紙の想定読者は米国南部の白人聖職者8名だったのだ。ある意味、「獄中からの手紙」の内容は聖アウグスティヌスの援用からセミコロンにいたるまで、そのすべてがひとつの暗号になっているわけだ。解読するとこうなる。「まともに取り合ってください；私は博士号を持っています；皆さんと同じ知識があるんです」

もちろん、キング牧師の言葉づかいが伝統に則っていることに目を付けたのは私が最初だと言う気などさらさらない。小説家・エッセイスト・英語教師のデイヴィッド・フォスター・ウォレスは、黒人学生の書く文章がキング牧師とは違って「非標準的」だと感じ取ると以下のような話をよく聞かせていたのだが、その中でも同様の指摘がなされている。ウォレスはこの話をしたのは一対一の状況で、そこから学ぶことがあると思われる学生が相手である。全部だと長いので、軽く味見だけしてみよう。

> 誰かから聞いたことがあるか分からないけど、大学の英語の授業で君が学んでいるのは外国語みたいなものなんだ。それには標準書記英語（Standard Written English）という名前がついている……この国でSWEは

教育と知性と権力と威信を備えた言葉として受け取られていて、アメリカ文化で成功しようと思えば、どんな人でも、どんな人種、民族、宗教、性別でも、SWEを使えるようにならなきゃいけない。ともかくそうなってるんだ。そのことで喜んだり悲しんだり、めちゃくちゃ怒ったりするかもしれない。差別的で不公平だと思って、今後の人生すべてをかけて反対運動をしていこうと今ここで決意するかもしれない。そうすべきなのかもしれない。でもね、いいかい——そういう反論を聞いてもらうには、まともに取り合ってもらうには、結局SWEで伝えなくちゃいけない。SWEはアメリカという国自体が話す言葉だからだ。これまで米国社会で大成したアフリカ系アメリカ人たちはこのことを分かっている。だからこそキング牧師もマルコムXもジェシー・ジャクソンもSWEで話すんだ……だからこそ黒人の裁判官も政治家もジャーナリストも医者も教師も仕事の場でSWEを使ってるんだ……そして［**学生の名前**］、君だってSWEが使えるようになるよ。この私が教えるんだからね。

ウォレスいわく、この話は言語に政治や権力がまとわり付いている現状に正直に向き合うためのものだ。学生は彼のいうSWE——ウォレスも認めるようにWはWhite（白人）を指すという理解もできる——の習得を強要されるべきで、なぜその習得が必須かといえば、そうしないと世間で著しい不利益を被るから。世の中というのは嫌でもそういうふうになっているんだ、とウォレスは言う。果敢に真実を告げる自分に酔っているようだ。

どうやらこのスピーチを聞かされて気分を害した学生も多少いたようで、うち一人は大学に正式な苦情を提出している。かくいう私も苦情がある。ウォレスは白人学生も一人ひとり研究室に招き、SWEを使うとこういうわけでエリート主義的な権力構造を支持することになりかねないよと、こっそり教えてあげたりしただろうか。ウォレスはちゃんと大学の同僚を呼び出して、権力層が使う秘密のサインを知らない人——あるいは使わないことを選んだ人——の表明する考えが排除されない仕組み作りを考えていないのはどういうことかと問い詰めただろうか。彼はSWEに参加しないことは倫理的・政治的な影響を孕む選択だということにしたが、SWEに参加することに関しても同様の扱いをしただろうか。答えはノーだ。あくまでも選択の責任は黒人学生の側にあり、ウォレスやほかの誰かがその権力・特権で世界を作り変える責任を負ったりはしない。

のちにエッセイの中で彼はこう語っている。彼の話に苦情を訴えた学生にとって不快だったのは、単に、その話をしたウォレス自身が特権的な白人男性だという点だろうと。彼の身分のせいで学生は話の「論理」が見えなかったのだという。はいはいウォレス、言い訳ご苦労様。でもどういう論理？　要するに——こういうことでしょう。「我々はSWEという言葉づかいを採用しなければならない。なぜならそれは我々がいつも使っている言葉だから」　私は「こうしている」という既成事実が「こうし続けるべき」とか「こうし続けねばならない」という主張の十分な根拠だとは思わない。論理というのは隠れた想定を掘り起こし吟味するものであって、それを固定化するためのものではない。まあ学問・職業の共通言語としてSWEを選択すべきだと理路整然と論じることは可能かもしれない——が、ウォレスはそこまでやろうとしなかった。

ウォレスの文章を読んでいて一番腹立たしいのは——事実誤認や論理の凡ミス（これは「アメリカ英語の語法」というエッセイで数多く見られる[★5]）以上に腹が立つのは——理解力はあるように見えるという点である。言語が自己提示の一部であり、アイデンティティーの構築と認識において決定的に重要だといったことぐらい分かっていたはずなのだ。事実、彼は言語が、そして言語にまつわる私たちの選択が、常に政治的であるということを普通の人より深く理解していた。しかし黒人学生に向けた「激励」の言葉を見る限り、ウォレスは新たな世界を作るのは自分の仕事だとは思っていなかった。彼のような人に限定されない、もっと多様な人々にもっと開かれた世界を作ることもできたはずなのだが。たしかに、あるタイプの英語を選択することには、場面に応じてメリット・デメリットがある。学生に（さらには卒業してからずいぶん経つ人にも）それを認識してもらうこと自体は良いことだ。問題なのは、ウォレスが自分の（そして彼と同じく標準英語を使っている人すべての）選択を免責しているということだ——そんなのは選択でも何でも

★5　ウォレスのエッセイが抱える問題に興味のある方は*Language Hat*というブログの「ウォレスを論破する」（“David Foster Wallace Demolished”）を参照のこと（最終アクセス2018年8月5日）。同記事は主に文レベルの問題に光を当てているが、ウォレスは論証のレベルでもあからさまな欠陥がある。その欠陥をきちんと明確化するにはかなり長い論考が必要となり、本書はそれを行う場ではない。ともあれ彼のエッセイは、標準英語を使う人はそれを選び取る根拠を説明する必要がないという、広く見られるひどく誤った考え方の格好の例である。

ないようなふりをして。

これはウォレスが自ら認めるスノッブ気質と軌を一にする態度だ。彼は根っからのスノッブ——あるいは、彼の言い方を借りるとスヌート（SNOOT）だった[★6]。これは彼の家族内で使われる略語で、「ギアクゴの意味を知っていて、それを教えてくる人」のことだという。dysphemism（ギアクゴ）とはあえて使われる悪い響きの言葉——それこそ snoot[★7] とか——のことで、知らなかったとしても気を悪くする必要はないし、知ってて面白さが分かったとしても自分の知的レベルにうぬぼれない方が良い[★8]。ウォレスが書くものは一文一文がもはや一種の曲芸で、古代の叙事詩ばりに入り組んでいる。彼にとって、スヌートであるというのは何とも誇らしいことであり、彼の文体の決定的な要素となっている。私はスノッブだった過去の自分を振り返ると、むしろ恥ずかしいと感じてしまう。知恵の実が豊かに実る道徳的な高みの地点だとウォレスが見なすところも、私にとっては荒れ果てた谷である。そこでは**適切**に言葉を使い規則に従うことの快楽がのさばるあまり、「人の言うことにちったぁ耳を傾けろ」という倫理のまさに基本原理が死んでし

★6　訳注：ウォレス家の内輪ネタとして、SNOOTが ***S****prachgefühl* **N**ecessitates **O**ur **O**ngoing **T**endance（言語の精神は我々による継続的な庇護を要する）と **S**yntax **N**udnik **O**f **O**ur **T**ime（当代随一の文法こだわり屋）のどちらの略であるかは、判断する人自身がスヌートかどうかによる、というものがあった。

★7　訳注：「人を見下す偉そうなやつ」を意味する英単語。これとの連想が働くため、SNOOTは単に「文法愛好家」のような中立的表現とは違って「嫌なやつ」という響きを持ち、まさにSNOOTの定義にある「偽悪語」を体現している。

★8　訳注：dysphemismは難語なので、SNOOTの意味を説明されたとしても、それが自己例示的な語になっているという「遊び心」には語彙力がないと気づくことができない。

まっている。

ウォレスは言語や句読点のことを気にかけていた。そのことには何の文句もない。自著の朗読会で句読点まで音読していたところもすごく好きだ。彼の句読点はどれもちゃんと理由があって文章に組み込まれているのだから。句読点、さらには言語一般に対する熱意も問題ではないし、彼が若い世代を教える者としての使命を真剣に受け止めていたことにも疑いはない。私が問題と感じるのは、そうした意欲関心を向けることにした方向である。ウォレスは言葉の政治学についての対話を広げるのではなく狭めてしまった。一方的な構図を作りながら、皆がいつもやっていることに追従——。現状に参加していない人に仲間入りを迫るばかりで、現状を押しつけている側の人間に「基準や価値観を考え直しましょう」「それが正当だという根拠を出せますか」などと働きかけたりはしていないのだ。

プラムの種取り競争やスヌートぶりの発揮がさほど褒められたことでないという考えを受け入れるなら、一体どうなるだろうか。言語に敬意と愛を示すつもりで規則を敬愛することが不適切だとすれば、果たして何が残されているだろうか。

おわりに

ルール違反?

ここまで来ればもうお分かりかと思うが、デイヴィッド・フォスター・ウォレスのようなルールの押し売りにも、小指がセミコロンのキーを叩くと「道徳に悖(もと)る」と感じるポール・ロビンソンのセミコロン嫌悪にも、私は共感できない。句読点の歴史をひもとけば、規則は言語の必須要素として当然のものだとは言えないことが分かる。規則を吟味するとき、まず問う必要があるのは、誰による規則かという点だ。どの規則集もそれぞれが生き残りをかけてほかと違う内容を説いているというのに、一体どれを信頼して覚えれば良いのだろうか。200年以上にわたって文法書がルールの福音を伝道してきた結果、いまや私が友人、学生、同僚に句読点の話をすると、みな声を潜めてそっと自分の罪を告白するようになっている。「セミコロンは使わないようにしてるんだよね。間違っちゃうのが怖くて」「気持ちとしては、ひとつの文でコロンを2回使ったりしたくなるんですけど、違反なんですよね」「オックスフォードコンマ[★1]ってわけが分からないよ」 セミコロンについて講演すると、終わった後でわきに連れて行かれ、打ち明け話をされることがある。小学校のときのやたら厳しい作文の教師がもう成人している教え子の肩にいまだに重くのしかかり、ミスがないか目を光らせていると感じると

★1 訳注:3個以上の項目をandやorで結ぶ際、最後から2個目(A, B, C, and DであればC)の直後に打つコンマのこと。そこで打たない流派もあり、しばしば混乱が起きる。

いうのだ（下手をすると、それが何十年も続いていたりする）。ときどき、自分の専門は句読点の理論（セオリー）というより治療（セラピー）なのでは、という気分になる。

襲いかかる恐怖、不安、混乱――どの規則体系に従うかについて何とか合意できたとしても、句読点に関する心配から解放されはしないだろう。その規則のことをちゃんと理解して適用できているかどうしても不安になってしまう。自分が書いているものに適用できそうな規則が見つからなければどうしても不安に襲われ、『オックスフォード・マニュアル・オブ・スタイル』の執筆陣がその穴にすぐ対処してくれますようにと願うことになる。もし仮に規則の暗記や難解な規定の適用がものすごく得意だったとしても、その詳細を丹念に守ったところで、平均的読者には意図したような正確さの印ではなくミスだと感じられるのではと、どうしても疑ってしまう[★2]。つまりルールが言語の

★2　この手のことは句読点に限らず、あらゆる文法規則で起こる。イェール大に勤めていた頃、私はニューヨークからニューヘイブンまでメトロノース鉄道で通勤していて、近くのキオスクで電車のお供にジントニックをよく買っていた。ある晩のこと、都心でひときわ疲れる会議が終わった後、キオスクで「ジンふたつトニック（two gin**s** and tonic）ください」と言ってしまった。まともに注文もできないマヌケを前にして店員は一瞬言葉を失った。結局、きっと私がすでにかなり酔っ払っていると思ったのだろう。「ジントニックふたつ（two gin and tonic**s**）でよろしいですか」と確認された。複数形規則の詳細には深入りせず、「ええ。ジンの方が**トニック**より個人的には大事だったので」とだけ言っておいた。
〔英語に関するコラムで有名なウィリアム・サファイアによると、複合語を複数形にする際は意味的な重点のある要素に-sを付けるという目安があり、eggs Benedict（エッグベネディクト）や mothers-in-law（義理の母）などでは前の要素に -s が付く。これに倣い、炭酸水よりジンの方に重点があると考えると、gin**s** and tonic という言い方にも一理ある。しかし実際にはジンとトニックをひとまとまりと捉え、[gin and tonic]**s** のように全体の末尾に -s を付ける方が圧倒的に普通〕

本来的性質でないとするならば、それが約束するクリアで正確な文章を実現しようにも、まずルール自体について共通理解がないといけないわけだ。言語のルールは人類史上一度たりとも――現在でも――他者の言葉を解釈するときの落とし穴や困難から、自分の言葉を書き記すときの心配な気持ちから、私たちを解放してくれてはいない。

こうした問題があるにもかかわらず、「ルールは知っとかなきゃ」という陳腐な決まり文句は句読点改革派の間ですら相変わらず唱えられている。これは極めて根強い考え方で、文法書の執筆者がその根拠を述べることは（あったとしても）まれである。哲学者テオドール・アドルノは「句読点」と題した美しいエッセイで「音楽のような句読点」という人文主義の理想を再興し発展させたが、その彼でさえ、書き手がそうした規則を「一時中断」しているときでも「背景で響かせる」べきだと勧めている★3。アドルノは、句読点に関するほかの論客と同じく、私たちは文章を常にルールとの一致度（ないし違反度）に基づいて処理していると考えていた節（ふし）がある。そうした論者の考えによると、誰かがルールを破ると、気づかれるかはさておき、破れる音がするのだという。

しかし、だとすると奇妙ではないだろうか。シェイクスピアなどの作品を読んでも、規則に縛られているはずの私たちの繊細な体が、初期アメリカ文法家のいう「間違った文法」とやらに延々と苦しめられたりはしないのだから。彼らがシェイクスピアの詩に施した修正のことを思い出し

★3　訳注：正確には、音楽家が禁則的な進行を扱うような仕方で句読点を扱うようにすると、「規則を破壊する強引さ」と「規則を中断しながらも背景で響かせる巧みさ」が区別できる、と述べている。

てほしい。となると私たちが日頃している読書とは、「規則違反」が立てる音を聞き分けるというものではなく、テクストに浸りきり、時代・文化・ジャンルなどの点でなじみのないような語り方に順応していく行為ではないだろうか。そんなスキルが頭の中に備わっているとはまさに驚異的だ。それなのになぜ「言語は本質として規則に縛られているのだ」と言い張ってわざわざそれを捨てようとするのか、私には理解できない。

もし規則が当初の目標を果たさないのであれば——単なる理想化に過ぎず、それで文章が上達するわけでもなく、文章の効果に差が生じる理由も説明できないなら——規則はまったく無価値ということだろうか。そうとも限らない。ルールというものを言葉の理解・使用に資する唯一の枠組みと見なす発想を抜け出せたら、その本当の役割が見えてくるかもしれない。つまり、「規則は現に言語の中にあるんだから」といった正当化を剝ぎ取り、代わりにこう問えるようになる。「必要でも十分でもないとして、規則にはどんな良いことがあるだろう」 例えば、表現の可能性の限界を定めるボーダーラインではなく活動の枠組みと見なすなら、創造力をかき立ててくれるかもしれない。ちょうど詩人が十四行詩(ソネット)という制約[★4]の中で活動するのが生産的と感じたりするように。だが「合法的」な唯一の詩の書き方がソネット形式だと教えたりしようものなら、それは大きな間違いだ。句読点のルールだって同じことである。

これはきっと、ここまで読んできてもなお『エレメンツ・オブ・スタイル』なりファウラーなり、何かしらの文

★4 訳注:行数のほか、音節数や押韻の形式などが細かく定められている。

法書に愛着を感じる人にとっては心の慰めになるだろう。本書で規則について述べてきたことをすべて受け入れても、どこか奥底で、やはり文法規則というものへの愛を感じるかもしれない。だが、言ってしまえば、その愛の対象は別のところにあるはずだ。それはきっと英語そのもの、整然とした体系、伝統などへの愛着だろう。どれも真っ当な気持ちだ。ただ、もし英語を本気で愛するなら、もし文法が感じさせてくれる秩序を愛するなら、もし伝統や代々受け継がれてきた慣習を感じてそれを愛するなら、その想いを称揚するにはどこか別のところに目を向けないといけない。規則というのは、これまでも、そしてこれからも、英語を取り囲む防護柵としては不十分なのだ。移ろうことも変わることも朽ちることもない、**唯一絶対**の規則を私たちが手にすることは絶対にない。そんなものは存在しないのだから。

　そのような柵を設置しようとすること自体の倫理的コストもよく考えるべきだろう。柵は内部のものを保護するだけでなく外部を拒絶する。そうした言葉の柵によって、会話から、公の場から、学問の世界から締め出されてしまうのはどういう人だろうか。ルールというのは誰かに責任を押し付けるズルいズボラな方法にもなる。思いのたけを伝えようとしている人が文法のミスをしたらどうなるだろうか。接続詞の抜けなどを指摘するだけで、「その話はまともに取り合わなくて良い、だってちゃんとした言葉づかいもできないのだから——」ということになりかねない。もしルールよりコミュニケーションを重視し、相手が伝えようとすることの理解に努めることを互いの責務と考えたらどうなるだろう。インターン生からのメール、移民のカップルが開いた食料品店の店先の看板、世界的指導者のツイート、そこに文法ミスがあったからといって大した問題だろうか。[★5] 私が気にするのは大統領がコンマを打った位置などではなく、憎悪を退け民主主義を重んじる価値観がそのツイートに表れているかという点だ。2012年の米大統領選でミット・ロムニー議員が起業家に関するオバマ大統領の発言を曲解するという攻撃的な選挙運動を仕掛けると、[★6] アメリカのテレビ司会者ジョン・スチュワートはその戦法を非難し、こう締めくくった。「ロムニーさん、他人の議論に出てくる細かい言葉のミスをつつくのはね、ほんっとにどうしようもなくなって議論じゃ勝てない自覚があるときですよ」　まさしく。あるいは、そもそも相手の発言を聞く気すらないときだ。言葉の誤りを指摘するという攻撃は、知的な装いで多少まともに見えたとしても、端的に人格攻撃（アドホミネム）だ。

★5　うっかりミスは面白いこともあるが、問題は誰のことを笑うかだ（who we're laughing **at**.）。——なんならひとつ前の文をどでかいポスターサイズで印刷して「文の最後なのに前置詞使ってるじゃん」と、たいそうな学歴があるくせに文末もまともに締められない私のことを大笑いすればいい。それはご自由に。でもブリストルの「句読点バンクシー」だのエクアドルの「キト綴り団」だの、そういう連中の一員になって、店の掲示板の文法ミスをスプレーであちこち訂正して回るなんてことはやってはいけない。それはれっきとした器物破損で、知識はあっても心の卑しい輩になってしまう。
〔いずれも町中で見かける言葉を正そうとして問題行動を起こしている集団。こうした活動を『パンクなパンダのパンクチュエーション』の著者リン・トラスは扇動している（邦訳pp. 36, 81）〕

★6　訳注：「会社を持っていたとしても、自分ひとりの力で起業したわけではない」（様々な人や組織の支えがあった）という趣旨の発言If you've got a business, you didn't build that.の後半をあえて文字通りに取り、起業家への侮辱だと主張した。

読者の皆さんの中に、私と同じく英語のネイティブスピーカーの方がいれば、それだけで驚くほどの特権を享受していると言える。なにしろ世界で最も広く話されている言語を話せるのだ。これは素晴らしいアドバンテージである。飛行機やインターネットの貢献と同じくらい、英語の優位性によっても世界はどんどん小さくなり、祖父母の代であればそんなことが可能だとは夢にも思わなかった形で、世界の境界を現実でもバーチャルでもやすやすと越えることができる。と同時に、英語のネイティブスピーカーの多くは、店員にごく基本的なことも伝えられず四苦八苦するもどかしさ、地下鉄で迷子になっても何の助けにもならない解読不能の音素しか聞こえてこず途方に暮れる状況、外国訛りのせいでマヌケ扱いされて上から目線で話される気持ちを実感することがない。私自身、海外で暮らしてきた身として、あるドイツ人薬剤師が何の気なしに見せた非情さは昨日のことのように鮮明に覚えている。ベルリン中央駅のドラッグストアでイブプロフェンを頼んでいるのに、ich möchte（ほしいです）をich mochte（ほしかったです）と言い間違えただけで、5分間もひたすら「何のことやら」というそぶりをされたのだ。同じく鮮明に覚えているのは、テーゲル空港行きのバスが来るまでの間、聞き取りやすいスピードのドイツ語で会話をしてくれた人たちの寛容で親切な心だ[★7]。旅行客、移民、ネット掲示板の投稿者、その他の外国語学習者にどちらを経験してほしいか、私の中で答えははっきりしている。言葉に造詣が深いということは、温かく前向きに接する素晴らしいチャンスになる。でっち上げられた規則よりもコミュニケーションを優先するならば。

かつて私が博士論文の指導教員と言い争いをしたセミコロンを振り返るとどうだろうか――私が句読点の歴史に深く潜り、本書を執筆するきっかけとなったあのセミコロンだ。改めて考えても、あれが「合法」だという点に関しては私が正しかった。私が使用したタイプのセミコロンは『シカゴ・マニュアル・オブ・スタイル』の6.54節、省略のある文を扱う項目の例文にちゃんと出ている[★8]。とはいえ、規則に違反はしていないにせよ、良いセミコロンではなかった。リチャーズ先生が反応していたのは（絶対本人は納得しないと思うけど！）ルール違反というよりもリズムの悪さで、それを検知した熟練の耳が拒否反応を示したんだろう。同じことが文法規則の違反とされるものの多くに当てはまる。学校の先生に一文だけの段落はダメだと言われたら、それは要するに「ここはもっと根拠がほしいかな」とか「インパクトを出すには別のところに移した方が良いですよ」のようなことだろう。文章の達人たちも文がひとつしかない段落なんてしょっちゅう書いているが、それがいつも上手くいくわけではないのも事実だ。とすれば、どういう場合に上手くいかないのかを説明するよりも、一文

★7　私は2007年から2013年までの間、ちょこちょこベルリンで生活していた。いま戻ってみると、練習不足で私のドイツ語力は錆びついているというのに、ベルリンの人たちは以前よりはるかに積極的にドイツ語で話してくれるように感じる。現在ベルリンは英米からの移住者で溢れかえっていて、その多くは英語だけで十分やっていけるので、ドイツ語を一語たりとも覚えようとしない。ベルリン市民がドイツ語学習者に寛容な目を向けるようになったのはそういう事情じゃないだろうか。

★8　訳注：Thousands rushed to serve him in victory; in defeat, none.（勝てば大勢が寄ってきた；負けると誰ひとりも）のようなタイプの文が挙げられている。

だけの段落を一律に禁止する規則を作った方が手っ取り早いかもしれない。だが、それは誤解も招いてしまう。

読み書きの基盤にはならないとしても、句読点のルールなんて初めから存在しなかったかのようにきれいさっぱり忘れ去ることなどできない。句読点の規則がなかった時代に戻ることはできない（おそらく、あえて戻りたいとも思わないだろう）。だが、その先を考え、作り出すことはできるかもしれない。より機能的で、より倫理的な句読点の新たな原理――言葉をもっと豊かに学び、教え、使い、そして愛するための原理を。

訳者解説

本書はCecelia Watson (2019) *Semicolon: How a Misunderstood Punctuation Mark Can Improve Your Writing, Enrich Your Reading and Even Change Your Life* の翻訳です。原題は『セミコロン：誤解を受けている句読点が書き方を洗練させ、読み方を充実させ、さらには生き方まで変えてくれるワケ』といった感じで、言葉の世界を縦横無尽に旅するうちに、その「ワケ」が解き明かされていく仕組みとなっています。著者セシリア・ワトソンは英語のライティング、歴史学、哲学など幅広い分野に通じたジェネラリスト。その博識ぶりが遺憾なく発揮された、いわばジャンル不詳の読み物です。

句読点をテーマにした一般書は、すでに『パンクなパンダのパンクチュエーション』（大修館書店）や『カンマの女王』（柏書房）などがありますが、言葉のお作法の解説に終始するのではなく、「そもそも「規則」とはどういう性質のものなのか」という考察を、ときにユーモラスに、ときに真剣な口調で、様々な角度から深めていくのが本書の特色と言えます。

内容を大きく4つに分けて紹介しましょう。

まず1つ目はセミコロンの数奇な歴史を辿るパート。セミコロン発明・受容の経緯から、文法書（文法・語法だけでなく約物（やくもの）の使用法など表記に関するルールも掲載した書籍）の成立までが語られます（1～3章および6章）。文法家の悪戦苦闘を楽しく眺めているうちに、ひとつの重要な事実が浮かび上がってきます。カッチリとした決まりを人為的に定めても、実際の使われ方は実に多彩で、規則の縛りを自由自在にすり抜けていくのです。このせめぎ合いは本書全体を通して繰り返し浮上します。

4・5章で扱われる「規則」は句読点の使い方を定めたルールではなく、句読点を用いて書かれた「法律」です。アメリカでもイギリスでも、ある時期を境に条文内の記号の解釈をめぐって訴訟が立て続けに勃発。なんと人の命が左右される事態と相成ります。さて、その結末やいかに——。実は法の条文というのは、自動的・機械的に解釈がひとつに決まるものではありません。いつ、誰が、どのような意図で書いたものなのか。それを慎重に考える必要があります。条文の解釈が悪意や偏見で歪められたら、一体どんなことになるでしょうか。興味深いエピソードが満載ですが、次第に中心テーマである〈倫理〉に話が収斂していきます。本書最大の見せ場のひとつです。

7章では打って変わって、英語の名手がセミコロンを巧みに活用した文章を鑑賞し、その効果が生じる仕組みを考察します。文学や文体論などに関心のある方には特におすすめのパートです。適宜原文も併記していますので、英文読解や翻訳の練習素材として活用するという楽しみ方もできるかもしれません。

そして最後は、倫理的なコミュニケーションへと読者を誘うパートです（8章以降）。これこそ本書の中心的なメッセージであり、ここまでの話題はすべて布石だったとも言えます。規則を絶対視すると自縄自縛に陥るばかりか、他者をあげつらう態度にもつながりかねません。標準的な言葉づかいをする人たちが特権を握り、そうでない人が窮屈な思いを強いられるような社会は果たして望ましいでしょうか。痛切な問いが投げかけられます。

このように本書は、面白おかしくトリビアを披露するようなテイストの本とは一線を画す、コンパクトながら中身の詰まった一冊となっています。

;

関連する文献をごく簡単に紹介しておきましょう。1章の内容に関しては髙宮利行『西洋書物史への扉』（岩波新書）が、2章は渡部昇一『英文法を撫でる』（PHP新書）が比較的手軽な概説です。5章の登場人物ケイスメントについては、その生涯を小説化したマリオ・バルガス=リョサ『ケルト人の夢』（岩波書店）という作品が存在し、著者はノーベル文学賞を受賞しています。同じ5章のサッコ・ヴァンゼッティ事件は小此木真三郎『フレームアップ　アメリカをゆるがした四大事件』（岩波新書）で詳しく取り上げられています。

6章などで触れられるように、英語圏では文書作成の手引き（style guide, style manual, stylebook）が広く普及しており、誤用の多い言葉の使い方などと並んで、引用の作法や句読点の標準的な用法も解説されます。こうした英語の表記面について日本語で参照できる文献はあまり多くありませんが、例えば以下のようなものがあります。

［1］笹井常三（1999）『英語のスタイルブック』研究社ブックス get it
［2］ケイト・L・トゥラビアン（2012）『シカゴ・スタイル

研究論文執筆マニュアル』慶應義塾大学出版会
[3] 森田修，マルコム・ヘンドリックス（2016）『ビジネス英語ライティング・ルールズ』日経文庫
[4] デイビッド・セイン（2019）『英語ライティングルールブック　第3版』DHC
[5] 石井隆之（2019）『英語スタイルブック　ライティングの表記ルール辞典』クロスメディア・ランゲージ
[6] Rodney Huddleston, Geoffrey K. Pullum（2019）『接続詞と句読法』（「英文法大事典」シリーズ第8巻）開拓社
[7] 大名力（2023）『英語の記号・書式・数量表現のしくみ』研究社

8章と「おわりに」は倫理的な言葉の使い方がテーマですが、これには様々な側面があります。例えば、本書でも何度か出てきますが、議論の際は人格攻撃（アドホミネム）を避けること。あるいは、相手の話を曲解せず、なるべく筋の通るかたちで受け止めること（哲学では「寛容の原理」principle of charityと呼びます）。こうした考え方については伊勢田哲治『哲学思考トレーニング』（ちくま新書）に簡潔な解説があります。より実践的な取り組みの例としては、庵功雄『やさしい日本語　多文化共生社会へ』（岩波新書）などを参照してください。

;

本書の翻訳について、いくつか補足しておきます。

まず原著者セシリア・ワトソンは、文体模写やパロディなどを随所に忍ばせており、本書の魅力のひとつとなっています。日本語の文章の中でセミコロンが用いられることは珍しいですが、そうした技巧に関してはセミコロンを明記するようにしました（p. 139など）。

また、原著には誤記などの軽微なミスが散見されます。明らかなものに関しては訳者の判断で、特に断りなく修正しています。原文と照らし合わせて読まれる場合、その点にご留意ください。文脈の補足、日本の読者になじみが薄いと思われる人物・事項の解説、事実関係の修正なども、適宜行なっています。この作業に際しては、原著者セシリア・ワトソンに何度か疑問点を質問し、快く回答をいただいたことを申し添えておきます。

引用されている文章に既訳がある場合は大いに参考にさせていただきましたが、文体の調整やセミコロン明示などの必要性から、基本的にすべて新たに訳出しています。聖書に関しては「新改訳2017」および「聖書協会共同訳」から引用しました。

本書で引用される文章には「癩病（らいびょう）」「黒んぼ（ニガー）」をはじめとして、今日の観点からすると不適切・差別的な表現が使われている部分がありますが、時代背景や歴史的・文学的価値などに鑑みて、原文を尊重し、なるべく忠実に訳す方針を採っています。ご理解いただければと思います。

共訳作業にあたっては、主に前半を（杏林大学の田中洋氏のご協力を得て）倉林が、後半を萩澤が担当し、その後、萩澤が全体にわたって大幅な調整を行ないました。

;

最後に、協力してくださった方々に謝辞を述べたいと思います。まず、平沢慎也さんは全体を綿密に読んだ上で、本当に貴重なアドバイスを（それも数えきれないほどたくさん）してくださいました。田中太一さんも幾度となく相談に応じてくださり、自然な日本語になるよう力を貸してくださいました。おふたりのおかげで訳文の質を格段に改善することができました。

ヘンリー・ジェイムズの翻訳は西川健誠先生と行方昭夫先生のご協力がなくては完成しませんでした。柴田元幸先生からは表記に関して、堀田秀吾先生・石黒太郎先生からは法律に関して、ハーン小路恭子先生からはレベッカ・ソルニットに関して、それぞれご教示いただきました。一部の英文の解釈に関しては、北村一真先生と駒橋輝圭さんにお力を貸していただきました。

神戸市外国語大学図書館の司書の方々は、コロナ禍で行動が制限される中でも、必要な資料の閲覧を手助けしてくださいました。資料収集は山崎竜成さんと氏家啓吾さんにもご協力いただきました。訳文のチェック作業は井上幸子さんに手伝っていただきました。

そして、徹底したプロの仕事で訳者を支え、助けてくださった左右社の梅原志歩さんには心からの感謝を申し上げます。そのほかにも本当に数多くの方々のお力添えを得て翻訳を仕上げることができました。言うまでもなく、残る不備はすべて訳者ふたりの責任です。

本書がひとりでも多くの方の手に届くことを願っています。

2023年7月末日　萩澤大輝

巻末注

・先頭の数字は本書のページ数を示す。
・URLは2023年7月現在。
・邦訳が多数ある場合、代表的なものに絞って掲載した。

はじめに　言葉のルールをめぐる愛憎

007　「…あまりにも不快」: Paul Robinson, 'The Philosophy of Punctuation', *The New Republic* (26 April 1980).　2002年、以下に再録。http://www.press.uchicago.edu/Misc/Chicago/721833.html（最終アクセス2018年10月22日）

007　醜悪だとか無意味だとか : Lynne Truss, *Eats, Shoots & Leaves: The Zero Tolerance Approach to Punctuation* (New York: Gotham Press, 2003), p.108.〔今井邦彦（訳）『パンクなパンダのパンクチュエーション　無敵の英語句読法ガイド』大修館書店、2005年、pp. 132–3〕

007　「まったくもって何の意味も持たない」: Kurt Vonnegut, *A Man Without a Country* (New York: Seven Stories Press, 2005), p. 23.〔金原瑞人（訳）『国のない男』中公文庫、2017年、3章「小説を書くときの注意」冒頭〕

007　「この世で最恐の句読点」: 'How to Use a Semicolon: The Most Feared Punctuation On Earth', *The Oatmeal*. http://theoatmeal.com/comics/semicolon

007　80万に迫る : SharedCount.comを利用して上記のURLを測定するとシェア数74万1200だった（最終確認2018年9月6日）

007　「これ見よがし」: Robinson, 'Philosophy of Punctuation'.

007　当時セミコロンはまさに流行りの記号で : 詳細は第3章を参照のこと。

008　「…紛れもなく慣習の一種…」: George Campbell, *The Philosophy of Rhetoric*, vol. 1 (London: W. Strahan, 1776), p. 340.

009　「とんでもない誤り」: Robert Lowth, *A Short Introduction to English Grammar: With Critical Notes*, 2nd edition (London: A. Millar, R. & J. Dodsley, 1763), p. xii.

011　「…厳密派でいるのも楽じゃない」: Truss, *Eats, Shoots & Leaves*, p. 2.〔『パンクなパンダ』p. 4〕

1章　音楽を奏でるように : セミコロンの誕生

016　1494年、イタリアのベネチアで : セミコロンの歴史と形状については次を参照のこと。M. B. Parkes, *Pause and Effect: An Introduction to the History of Punctuation in the West* (Berkeley: University of California Press, 1993), p. 49.

016　人文主義者たちは文章の流麗さに : Paul Grendler, 'Humanism', *Oxford Bibliographies* (last modified: 27 June 2017), doi: 10.1093/OBO/9780195399301-0002

017　特別に彫った新しいハイブリッド句読点 : Cambridge University Library, 'Pietro Bembo (1470–1547) *De Aetna*', *Manutius and the Bembos* (online exhibition). https://exhibitions.lib.cam.ac.uk/manutius/artifacts/bembo-de-aetna/

017　コロン・コンマ・括弧と一緒になって : Parkes, *Pause and Effect*, p. 49.

019 「醜い…」: Truss, *Eats, Shoots & Leaves*, p. 108.〔『パンクなパンダ』p. 133〕
020 「当世において、教養ある筆写者の…」: Parkes, *Pause and Effect*, p. 48.

2章 科学的規則を目指して:英文法戦争

023 「完全な英文法書のようなもの」: Goold Brown, *The Grammar of English Grammars* (1851; New York: W. Wood & Co., 1878), p. i.
024 「規則を制定」: Lowth, *A Short Introduction to English Grammar*, p. xiii.
025 「すべてに例外なく当てはまる…」: 同上p. 169.
025 音楽の休符に似ていて:同上p. 172.
027 この本はベストセラーになった:John A. Nietz, 'Old Secondary School Grammar Textbooks', *English Journal* 54, no. 6 (September 1965): 542.
028 「世界でもっとも売り上げの多い…」: Charles Monaghan, *The Murrays of Murray Hill* (Brooklyn, NY: Urban History Press, 1998) の序文, p. vii. 傍点は引用者による。
028 少なくとも110版にまで:Alma Blount, *An English Grammar, for use in high and normal schools and colleges* (New York: H. Holt, 1914), p. 336.
028 動詞を解析する新システム:F. A. Barbour, 'The History of English Grammar Teaching', *Educational Review* 12, no. 5 (1896): 492.
028 批判する流れの拡大:同上p. 497.
029 「貿易風まかせの針路を取り」: Brown, *Grammar of English Grammars*, p. 50.
029 カーカムが句読点の規則を採録することに:同上p. 51.
029 「自らの思わぬ人気ぶりに…」: 同上p. 46.
029 とりわけ的確な一節では:同上p. 52.
030 さらなる誇示で応じた:Samuel Kirkham, *Knickerbocker* 10, no. 4 (1837): 361. 同上pp. 49–50に引用されている。
031 ブラウンはこう再反撃した:Brown, *Grammar of English Grammars*, p. 50.
031 保護者や学校関係者から寄せられた不満:保護者の不満としては例えば次を参照。A. M. Leonard, 'The Teaching of Grammar: Meeting at the Educational Room', *Massachusetts Teacher and Journal of Home and School Education* (July 1867): 243. また、コネチカット州が文法指導を廃した事例の詳細は次を参照。 Barbour, 'The History of English Grammar Teaching', p. 500.
032 1827年の時点ですでに:'Philosophical Essays 8', *Masonic Mirror and Mechanics' Intelligencer* (24 February 1827): 66.
032 1850年になるとその熱はピークに:Barbour, 'The History of English Grammar Teaching', p. 498.
032 そのまま19世紀末まで:同上 p. 500および Charles H. Watson, 'Shifts in Educational Methods', *The Watchman* (10 May 1900): 14を参照のこと。
033 「言葉の法」: I. J. Morris, *Morris's Grammar. A philosophical and practical grammar of the English language, dialogically and progressively arranged; in which every word is parsed according to its use* (New York: Thomas Holman, 1858), p. iii.
033 「誤謬」や「不合理」: 同上pp. vi–xv.

033 陳腐な教えを掻っ捌いた：同上

033 「真実が不快なものであるならば——」：同上

034 新聞や雑誌で持てはやされていた自然科学の美徳：G. Dallas Lind, 'Natural Science in Common Schools', *Massachusetts Teacher* 26, no. 8 (1 August 1873): 274. 別の評論家は次のように論じた。文法はひとつの科学として重要だが、まず自然科学を学んでからでないと学習者は英語の基礎を探究することに移れない。言うなれば、物理学は言語規則を履修するための必修科目である。C. A. C., 'The Natural and Physical Sciences in Our Grammar and High Schools', *Massachusetts Teacher* 27, no. 6 (June 1874): 246.

035 図解システムを導入した：Stephen W. Clark, *A Practical Grammar; in which words, phrases, and sentences are classified according to their offices, and their relation to each other. Illustrated by a complete set of diagrams* (New York: A. S. Barnes & Co., 1847), p. iv.

036 当時はそうした考え方が多かった：'Nineteenth Century Geometry', in *The Stanford Encyclopedia of Philosophy*, ed. Edward N. Zalta, https://plato.stanford.edu/archives/sum2010/entries/geometry-19th/ および Jerome Fellmann et al., *Human Geography: Landscapes of Human Activities* (Madison, WI: Brown & Benchmark 1997), p. 3を参照のこと。

036 そのふたつは自然科学やその他の：'Subjects and Means of Instruction', *American Journal of Education* 10, iss. 24 (March 1861): 141.

036 「完全」で「有用」と：'Teachers, and Teachers' Seminaries', *American Annals of Education and Instruction* 7 (February 1837): 51.

038 「主要な原理、定義、規則」：Peter Bullions, *The Principles of English Grammar; comprising the substance of the most approved English grammars extant, with copious exercises in parsing and syntax; a new edition, revised, re-arranged and improved for the use of schools*, 31st edition (New York: Pratt, Oakley & Co., 1859), p. viii.

038 「大きめの活字」：同上

038 「読み手に対して…」：同上p. 151.

038 「休止の長さについては…」：同上p. 152.

038 「以上の規則で網羅…」：同上p. 155.

041 文法を扱うというのはあまりに：Brown, *Grammar of English Grammars*, p. 22.

3章 ファッションアイテムからトラブルメーカーへ

043 「鼻の下だけでなく…」：'Beards, Smooth Faces, and So On', *Chicago Daily Tribune*, 16 March 1857, p. 2.

043 括弧とコロンというふたつの記号が：Brown, *Grammar of English Grammars*, p. 773.

043 「括弧は今や、…」：T. O. Churchill, *A New Grammar of the English Language* [...] (London: W. Simpkin and R. Marshall, 1823), p. 362. Brown, *Grammar of English Grammars*, p. 773より引用。

044 「ほぼ消えかけている」：Rufus Nutting, *A practical Grammar of the English Language; accompanied with notes, critical and explanatory* (Montpelier, VT: E. P. Walton, 1826), p. 126およびBradford Frazee, *An Improved Grammar*

of the English Language, on the inductive system; [...] (Philadelphia: Sorin and Ball, 1844), p. 187. いずれもBrown, *Grammar of English Grammars*, p. 773より引用。

044　エラスムスがロマンチックに：Parkes, *Pause and Effect*, pp. 49, 215より。原典はErasmus, *Recta Latini Græcique Sermonis Pronuntiatione* (Basel: Froben, 1530).

044　「コロンを優れた書き手が…」: Oliver C. Felton, *A Concise Manual of English Grammar, arranged on the principle of analysis: containing the first principles and rules, fully illustrated by examples;* [⋯] *and a series of parsing lessons in regular gradation from the simplest to the most abstruse* (Salem, MA: W. & S. B. Ives, 1843), p. 140. Brown, *Grammar of English Grammars*, p. 773より引用。

044　「子どもに使わせるべきでは…」: 'Punctuation. No. III', *The Common School Journal* 12 (February 1850): 44.

044　「コロンがなければ——」: Brown, *Grammar of English Grammars*, p. 773.

045　「以前はすごく流行って」: 同上

045　通例コンマが使われる…：H. W. Fowler, *A Dictionary of Modern English Usage*, 1st edition (1926; Hertfordshire: Wordsworth Editions, 1994), p. 568.〔2010年にOxford World's ClassicsシリーズからDavid Crystalによる序論・注釈つきで復刻〕

046　19世紀半ばの文法家は：Brown, *Grammar of English Grammars*, pp. 770–1. 句読点の分類に関する様々な見解についてブラウンは詳細に論じている。

047　セミコロンの用法を4パターン示して：G. P. Quackenbos, *An English Grammar* (New York: D. Appleton, 1863), p. 264.

048　主節と従属節をセミコロンで：例えばブラウンの *Grammar of English Grammars*, p. 771には次のような表記の文が見られる。'Of the different kinds of verse, or "the structure of Poetical Composition," some of the old prosodists took little or no notice; because they thought it their chief business, to treat of syllables, and determine the orthoëpy of words.'（各種の韻文、ないし「詩作の構造」に関して、旧来の韻律学者の一部はまったくと言ってよいほど注目していないが；これは自らの主たる務めを、音節を扱い、言葉の標準発音を確定することだと思っていたためである）

048　「修辞的休止」と：William Chauncey Fowler, *English Grammar* (New York: Harper and Brothers, 1881), p. 743.

048　結ぶ用法が依然として許容されていた：同上p. 749.〔規則の文言を見るとそう解釈できなくもないものの、明確に該当する例は挙げられていない〕

048　基本的に、独立する節同士の：F. A. White, *English Grammar* (London: Kegan Paul, Trench & Co., 1882), p. 212.

049　セミコロンの用法は「ただひとつ」で：California State Board of Education, *English Grammar* (Sacramento, CA, 1888), p. 265.

049　「なぜセミコロンではなくコンマが…」: John Van Ness Standish, 'Too Much Teaching by Rote', *Chicago Daily Tribune*, 24 December 1899.

050　子供時代の最初期から：'Power of Points: Punctuation That Upset Work of Solons', *Boston Daily Globe*, 20 January 1901, p. 29.

050　「法に混乱をもたらした」判例を：*The Indianapolis Journal*より。'A

Semicolon Before a Supreme Court: A Legal Treatise on Punctuation or a Changed Method Needed'. *New York Times*, 31 December 1895, p. 6.

051　マサチューセッツ州最高裁判所は：*David Cushing & Another v. Paul B. Worrick*, [no number in original], 75 Mass. 382; 1857 Mass. LEXIS 356; 9 Gray 382.

4章　ゆるい条文と自制心：句読点ひとつでボストン中が大混乱

052　「つまらない些細な口論の類いだったが――」: 'Saloons Shut by Semicolon', *Chicago Daily Tribune*, 16 December 1900, p. 50.

052　「その弁護士が古い法令の埃を…」: 同上

052　「夜11時から朝6時までの間においては」: 同上

053　「実際はコンマを意図したもので…」: 同上

053　バー店主側の弁護士は言い張った：'A Semicolon', *Boston Daily Globe*, 6 December 1900, p. 5.

054　「…かなり楽しんでいる様子」: 同上

055　「光を当てる」ものである限り：*Commonwealth v. George H. Kelley; Same v. James Sutcliffe* [no number in original], 177 Mass. 221; 1900 Mass. LEXIS 1038.

055　「句読点には目を向けないで構わない」: *Cushing v. Worrick*, 9 Gray 382. 上の資料における間接引用を参照した。

056　「もとはと言えばこの争いは――」: 'Power of Points', p. 29.

056　「句読点は法解釈のプロセスを…」: *Albright v. Payne*, 43 Ohio St. 8, 1885. 上の記事における引用を参照した。

056　この新たに発掘された法に基づき：'Saloons Shut by Semicolon', p. 50.

057　「このたび提出された法案は…」: 'Semicolon Stays', *Boston Daily Globe*, 11 April 1901, p. 1.

057　「…を冠する州から」: Willard Holcomb, 'Latter-Day Puritans: Boston Not Entirely Devoid of Alcoholic Glee', *Washington Post*, 2 June 1901, p. 19.

059　「人が生み出したものの中で…」: 同上

060　「もし下院の議員がみんな酒の勢いで…」: 'Semicolon Law Stays on Books', *Boston Daily Globe*, 7 April 1904, p. 1.

060　「セミコロンの敵と味方」: 'Liquor Hours: Closing and Present Law Considered', *Boston Daily Globe*, 8 February 1905, p. 4.

061　住民投票にかけられた：'Plain, Common Sense', *Boston Daily Globe*, 28 November 1906, p. 6.

061　マサチューセッツの市民はこれを承認：'Hotel Owners Getting in Line', *Boston Daily Globe*, 13 December 1906, p. 6.

061　「良識と進歩性」: 同上

062　ついに「縛り」が解かれた：'Revelry in Boston: The Gorgonian Glare of Boston Virtue as Cure for the Drink Habit', *New York Sun*. *Boston Daily Globe*, 15 January 1907, p. 10に再掲。

062　「協会員の皆さんが…」: 'Hotel Men at Banquet Board', *Boston Daily Globe*, 8 February 1905, p. 4.

5章 解釈に伴う偏見と慈悲

064 「現代の法廷は文法ならびに句読点が…」: Larry M. Eig et al. *Statutory Construction and Interpretation: General principles and recent trends; statutory structure and legislative drafting conventions; drafting federal grant statutes; and tracking current federal legislation and regulations* (Alexandria, VA: TheCapital.Net, 2010), p. 11.

064 「真の意味」: *United States National Bank of Oregon v. Independent Insurance Agents* of America, 508 U.S. 439, 454 (1993). Eig et. al., *Statutory Construction*, p. 11より引用。

064 「法廷は……依然として消極的」: Eig et. al., *Statutory Construction*, p. 11.

064 「句読点は条文の一部ではない」: *Hammock v. Loan and Trust Co.*, 105 U.S. 77, 84–5 (1881).

064 「…最も信頼できない基準である」: *Ewing v. Burnet*, 36 U.S. 41 (1835).

064 「句読点は英語の一部ではない」: *Holmes v. Phoenix Ins. Co.*, 9S F. 240. *Feliciano v. Aquino*, GR No. L-10201 (1957) より引用。

066 駐車違反の切符を切られずに済んだ女性: Sarah Larimer, 'Ohio Appeals Court Ruling Is a Victory for Punctuation, Sanity', *Washington Post*, 1 July 2015.

066 「上訴側が…まがいの執着を…」: *Feliciano v. Aquino*, GR No. L-10201 (1957).

071 被告人サルバトーレ・メラを: *State v. Merra*, 103 N.J.L. 361 (1927).

071 アレグザンダー・シンプソンは: 'Semicolon Plea Fails to Save Murderer', *New York Times*, 17 May 1927, p. 24.

071, ★15 同性愛者との性体験を綴った文章を: Kevin Grant, 'Roger Casement: Gay Irish Martyr or Victim of a British Forgery?', *Guardian*, 28 September 2016を参照されたい。

072 ケイリッシュ判事は反対意見を: *State v. Merra*, 103 N.J.L. 361 (1927).

074 第1審の判事は評決がどういった内容であったか: 同上

074 最高裁判所ルイス・ブランダイス判事の: 'Hope Fading for Convicted Slayer', *Boston Daily Globe*, 2 August 1927, p. 5.

075 メラは自身の2歳半の息子を: 'Merra is Executed; Says "I Die Innocent"', *New York Times*, 6 August 1927, p. 28.

075 「異様なほど大勢」: 'Bridegroom is Executed 80 Hours After Wedding', *Atlanta Constitution*, 6 August 1927, p. 18.

075, ★22 「検察対ハギンズ事件」: *People v. Huggins* 175 38 Cal. 4th 175; 41 Cal. Rptr. 3d 593; 131 P.3d 995 [April 2006] を参照されたい。

077 「ふたりのイタリア系移民にとって…」: Eric Foner, 'Sacco and Vanzetti', *The Nation* (20 August 1977): 137.

077, ★23 「無政府主義のならず者」: Foner, 'Sacco and Vanzetti', *The Nation* (20 August 1977): 137.

078 反アイルランド感情が絡んでいるのでは: W. H. A. Williams, *'Twas Only an Irishman's Dream: The Image of Ireland and the Irish in American Popular Song Lyrics, 1800–1920* (Urbana: University of Illinois Press, 1996), p. 148.

078 『ヴェニスの商人』のラスト: 4幕1場178行以降〔松岡和子(訳)『ヴェニスの商人』ちくま文庫、2002年: 邦訳多数あり〕

6章 ルールを岩に刻み込む:現代の試み

082　「こうした規則や規定は…」: *Manual of Style, being a compilation of the typographical rules in force at the University of Chicago press, to which are appended specimens of types in use* (Chicago: University of Chicago Press, 1906), p. v.

082　計19もの規定が:同上

083　「我々以外は誰もがそう呼んでいた」: *The Chicago Manual of Style: for authors, editors, and copywriters* (Chicago: University of Chicago Press, 1982), p. vii.

083　「…「ハウツー本」としての性格を思い切って増強…」: 同上

083　「主観的要素」: 同上p. 132.

083　「…何らかの規則をひとつだけ推奨する」: *The Chicago Manual of Style*, 16th edition (Chicago: University of Chicago Press, 2010). Russell David Harperによる序文。

084　「未知数を推定」: 'Numbers', *The Chicago Manual of Style Online*, https://www.chicagomanualofstyle.org/qanda/data/faq/topics/Numbers/faq0008.htmlおよび'Citation, Documentation of Sources', The Chicago Manual of Style Online, https://www.chicagomanualofstyle.org/qanda/data/faq/topics/Documentation /faq0028.html(最終アクセス2018年9月4日)

084　「伝統的な慣習を論理的に応用」: *The Chicago Manual of Style*, 17th edition (Chicago: University of Chicago Press, 2017), p. 364.

084　トルコ語とアラビア語:筆者のFacebook投稿に寄せられたハルン・キュチュク氏からの返信(2017年9月16日)

084　「カリフォルニア走り…」: パウル・フェスタ氏とのSkype通話での個人談話(2018年2月18日)

085　「テキサスだと…」: 筆者のFacebook投稿に寄せられたティム・ケイシー氏からの返信(2017年9月16日)

7章 セミコロンの達人たち

086　gollyが何度か出てくることに:Mark Twain, *Mark Twain's Library of Humor*, ed. Washington Irving (New York: Random House, 2010), p. 175.〔この短編集所収のジョージ・W・ハリス作 Sicily Burns's Wedding という作品でgollyが使われている〕

086　「このクソったれの出来損ない野郎!」: Shaun Usher, *Letters of Note* (Edinburgh: Canongate Unbound, 2013), p. 206.〔北川玲(訳)『注目すべき125通の手紙　その時代に生きた人々の記憶』創元社、2014年(邦訳には未収録)〕

087　「昨日ホール氏が手紙で…」: Mark Twain, *Autobiography of Mark Twain, Volume 1: The Complete and Authoritative Edition*, ed. Harriet E. Smith et al. (Oakland: University of California Press, 2010), p. 677.〔和栗了ほか(訳)『マーク・トウェイン完全なる自伝　Volume 1』柏書房、2013年(邦訳には未収録)〕

087, ★3　「絶対に譲れないポイントで…」: Twain, *Autobiography*, p. 677.〔『完全なる自伝』(邦訳には未収録)〕

092　そりゃ自分も［セミコロンを］使うけど：Jon Henley, 'The End of the Line?', *Guardian*, 3 April 2008.

092　「事実関係として、コールリッジが…」：Irving N. Rothman, 'Coleridge on the Semi-colon in *Robinson Crusoe*: Problems in Editing Defoe', *Studies in the Novel* 27, no. 3 (Fall 1995): 321.

大いなる止まり

094　「私はひげを剃りシャワーを浴び…」：Raymond Chandler, *The Big Sleep, Farewell, My Lovely, The High Window* (New York: A. A. Knopf, 2002), p. 137.〔村上春樹（訳）『大いなる眠り』ハヤカワ・ミステリ文庫、2014年、25章p. 251：邦訳複数あり〕

095　言葉にうるさい例の校正によろしく：Usher, *Letters of Note*, p. 78.〔『注目すべき125通の手紙』p. 78／清水俊二（訳）『レイモンド・チャンドラー語る』早川書房、1984年、p. 106〕

096　「分離せぬ不定詞を携えた淑女に捧ぐ詩」：Usher, *Letters of Note*, p. 79.〔『注目すべき125通の手紙』pp. 79–80〕

098　人間的な知性が崩壊する感覚を：Raymond Chandler, 'Oscar Night in Hollywood', *Atlantic Monthly* 181 (March 1948), pp. 24–7.

103　彼女にどう罵られようと：Raymond Chandler, *The Big Sleep* (1939; New York: Vintage Books, 1992), p. 158.〔『大いなる眠り』24章p. 249〕

103　オックスフォード大学のガイド：'University of Oxford Style Guide', https://www.ox.ac.uk/sites/files/oxford/media_wysiwyg/University%20of%20Oxford%20Style%20Guide.pdf

105　「…心の弱き者が…」：Truss, *Eats, Shoots & Leaves*, p. 126.〔『パンクなパンダ』p. 156〕

ヘロイン中毒者とフェミニスト

106　シック・ボーイは汗ビッショリでさ：Irvine Welsh, *Trainspotting* (New York: W. W. Norton, 1996), p. 3.〔池田真紀子（訳）『トレインスポッティング』ハヤカワ文庫、2015年、p. 12〕

108　カトリオーナとはしばらく：Irvine Welsh, 'A Soft Touch', *The Acid House* (New York: W. W. Norton, 1995); 以下に再録。Dohra Ahmad, *Rotten English: A Literary Anthology* (New York: W. W. Norton, 2007), p. 267.〔池田真紀子（訳）『アシッドハウス』青山出版社、1998年、「カモ」p. 83〕

108　あの去りし時代には：Rebecca Solnit, 'Diary: In the Day of the Postman', *London Review of Books* 35, no. 16 (2013): 32–3, https://www.lrb.co.uk/v35/n16/rebecca-solnit/diary〔*The Encyclopedia of Trouble and Spaciousness* (San Antonio: Trinity University Press, 2014) に'We're Breaking Up: Noncommunications in the Silicon Age'と改題の上で再録〕

109　代わりに聞こえてくる話によると：Rebecca Solnit, *Men Explain Things to Me* (New York: Haymarket Books, 2014), p. 24.〔ハーン小路恭子（訳）『説教したがる男たち』左右社、2018年、「長すぎる戦い」p. 31〕

110　もちろん女性だって：同上〔「長すぎる戦い」p. 45〕

111　テクノロジーの発展に伴って：Solnit, 'Diary'.

112　そこで繰り広げられる劇的な逃走シーン：'Islands', *Planet Earth II*, BBC Natural History Unit, BBC America, and Zweites Deutsches Fernsehen,

18 February 2017.

113　なんと3年半がかかっている：Emily Badiozzaman, '27 Mind-Blowing Facts About the Making of *Planet Earth II*', *ShortList* (blog), 12 December 2016, https://www.shortlist.com/entertainment/tv/making-of-planet-earth-ii-david-attenboroughhow-they-made/71586

113　「執筆とタイピングは違うというのを…」: Rebecca Solnit, 'How to Be a Writer', *Literary Hub* (blog), 13 September 2016, https://lithub.com/how-to-be-a-writer-10-tips-fromrebecca-solnit/

捕鯨やら話芸やら

114　倉庫にはまだ初刷が：Philip Hoare, 'What Moby-Dick Means to Me', *New Yorker* (3 November 2011).

114　「もし読者のなかで…」: 'Book Notices', *United States Democratic Review* 30, iss. 163 (January 1852): 93.

115　「彼の物語の文体は…」: Hershel Parker, *Herman Melville: A Biography* (Baltimore: Johns Hopkins University Press, 1996), p. 18より引用。

116　さて、この私自身について言うと：Herman Melville, *Moby-Dick: or, The Whale* (1851; New York: Charles Scribner's Sons, 1902), p. 96.〔八木敏雄（訳）『白鯨（上）』岩波文庫、2004年、24章 最終段落：邦訳多数あり〕

117　最後に：本章冒頭でも述べたように：同上pp. 123–4.〔『白鯨（上）』32章 最終段落〕

117　「とはいえ『白鯨』は小説ではない…」: Hoare, 'What *Moby-Dick* Means to Me'.

118　「その筋書きは類を見ぬほど貧弱で…」: *London Britannia*, 8 November 1851.

119　「博学で面白く、グッと引き込まれる」: Robert McCrum, 'The 100 Best Novels', *Guardian*, 13 January 2014.

120　するとたちまち、船全体が：Melville, *Moby-Dick*, p. 264.〔『白鯨（中）』67章 第2段落〕

121　小型のマッコウクジラであれば：同上p. 261.〔『白鯨（中）』65章 第5段落〕

122　「その大海のような包括性と…」: Hoare, 'What Moby-Dick Means to Me'.

124　銀河の白い深みを眺めると…：Melville, *Moby-Dick*, p. 169.〔『白鯨（中）』42章 最終段落〕

125　「神秘的でほとんど語り得ない」: 同上p. 162.〔『白鯨（中）』42章 第2段落〕

125　「おぞましさ」: 同上

125　「理解可能な表現に落とし込むことをほとんど諦めて」: 同上

126　「メルヴィル氏は冒険を手がけるごとに…」: *New York Evangelist*, 20 November 1851. *Herman Melville: The Contemporary Reviews*, ed. Hershel Parker and Brian Higgins (Cambridge: Cambridge University Press, 2009), p. 379より引用。

127　「このクジラ狩りには…」: D. H. Lawrence, *Studies in Classic American Literature* vol. 2 (1923; New York: Cambridge University Press, 2003), p. 142.〔大西直樹（訳）『アメリカ古典文学研究』、講談社文芸文庫、1999年、11章pp. 297–8：邦訳複数あり〕

みなまで言うか、委ねるか

128　「激しい断続的な憤り」: Desmond MacCarthy,'Mr. Henry James and His Public', *The Independent Review* 6, no. 20 (May 1905): 105.

128　「ややこしく難解で…」: 同上p. 109.

128　「これほどまでに読むのが困難な本は…」: William Thomas Stead, 'A Novel for the Select Few', *The Review of Reviews* 26, no. 1 (January 1905): 425.

128　「読めたものではな」く：同上

129　「その錯綜した文体や…」: 同上

129　「…筋金入りの読者」に：*The Reader Magazine* 5, no. 3 (February 1905): 381.

129　ある人いわく：'William James', *The Chautauquan: A Weekly Newsmagazine* 50, no. 3 (May 1908): 403.

130　いかに難解で労力を要するものになるか：この一節の比較に関しては次を参照のこと。Royal A. Gettmann, 'Henry James's Revision of *The American*', *American Literature* 16, no. 4 (1945): 289.

131　彼女は光の女性で：Henry James, *The American* (Boston: J. R. Osgood, 1877), p. 218.〔西川正身（訳）『世界文学全集II-12　アメリカ人』河出書房新社、1963年、p. 189／高野フミ（訳）「アメリカ人」『現代アメリカ文学選集6』荒地出版、1968年、p. 150〕

131　彼女という人間に相応しいのは：Henry James, *The American* (New York: Charles Scribner's Sons, 1907), pp. 244–5.〔村上知子「テクストの変容：ヘンリー・ジェイムズの『アメリカ人』」『早稲田大学大学院文学研究科紀要　第2分冊』、2000年（当該箇所の訳を部分的に収録）〕

133　彼は暗がり越しに：Henry James, *The Portrait of a Lady* (London: Macmillan & Co., 1881), p. 247.〔斎藤光（訳）「ある婦人の肖像」『筑摩世界文学大系49　ジェイムズ』筑摩書房、1972年、p. 376〕

133　彼のキスはまるで白い稲妻：Henry James, *The Portrait of a Lady* (1908; Hertfordshire: Wordsworth Editions, 1999), p. 499.〔行方昭夫（訳）『ある婦人の肖像（下）』岩波文庫、1996年、55章p. 365〕

135　改訂版で……最大限明確にした：Dominic J. Bazzanella, 'The Conclusion to *The Portrait of a Lady* Re-examined', *American Literature* 41, no. 1 (1969): 55–63. バンザネラなどが指摘するように、これは1881年版に書評を寄せた、オリジナルの曖昧さを受け入れられなかった評者らの側に責任の一端がある。とはいえ、そうした批判に屈することを選択したのはジェイムズ自身だ。

135　「要するに、是非とも注意を…」: William James, *The Principles of Psychology* (1890; New York: Dover, 1950), p. 254.〔今田恵（訳）『世界大思想全集　哲学・文芸思想篇15　ジェームズ論文集』河出書房、1956年、「意識の流れ」pp. 295–6／今田寛（訳）『心理学（上）』岩波文庫、1992年、11章p. 230〕

136　「心の境界線は間違いなく…」: 同上p. 6.〔『論文集』「心理学の範囲」p. 134〕

136　「ここでは与件（datum）のことを…」: William James, *Manuscript Lectures*, ed. Frederick Burkhardt and Fredson Bowers (Cambridge, MA: Harvard University Press, 1988), p. 220.

136　彼はideaのような心理学用語を：James, *Principles*, p. 186.〔『論文集』「心理学の方法と困難」p. 260〕

137　「明確でない考えを取り繕うのに使われ」る：Robinson, 'Philosophy of Punctuation'.

138　「異色」で、その文体が「学問としての…」: Hans-Johann Glock, 'Was

Wittgenstein an Analytic Philosopher?', *Metaphilosophy* 35, no. 4 (July 2004): 419.

138　*Der Philosoph behandelt*：Ludwig Wittgenstein, *Philosophische Untersuchungen* (Oxford: Basil Blackwell, 1958), p. 91.〔鬼界彰夫（訳）『哲学探究』講談社、2020年：邦訳複数あり〕

138　The philosopher treats a question：Ludwig Wittgenstein, *Philosophical Investigations*, revised 4th edition by P. M. S. Hacker and Joachim Schulte (Malden, MA: Wiley-Blackwell, 2009), p. 98e.

138　The philosopher's treatment：Ludwig Wittgenstein, *Philosophical Investigations*, 2nd edition., trans. G. E. M. Anscombe (Oxford: Basil Blackwell, 1968), p. 255.

139　「深遠なる」: Erich Heller, *The Importance of Nietzsche* (Chicago: University of Chicago Press, 1988), Ch. 8 'Wittgenstein and Nietzsche', p. 142.

139　「基本的にジェイムズ氏は…」: *Blackwood's Magazine* 131 (March 1882): 374–82. Roger Gard, Henry James (New York: Routledge, 2013), p. 103に再録。

139, ★40　彼女はボストンのフォーマルなレストランに：Jane O'Grady, 'Obituary: Elizabeth Anscombe', *Guardian*, 10 January 2001を参照されたい。

ラインとダッシュ：セミコロンなんてもう古い？

141　自身初のインタビュー：Preston Lockwood, 'Henry James's First Interview; Noted Critic and Novelist Breaks His Rule of Years to Tell of the Good Work of the American Ambulance Corps', *New York Times*, 21 March 1915, p. 3.

143　ハインリヒ・フォン・クライストの短編：〔砲撃を受けた邸宅を脱出した夫人が敵兵たちに見つかり強姦される寸前のところで、味方の士官が駆けつけて蹴散らしてくれた場面〕'Er stieß noch dem letzten viehischen Mordknecht, der ihren schlanken Leib umfaßt hielt, mit dem Griff des Degens ins Gesicht, daß er, mit aus dem Mund vorquellendem Blut, zurücktaumelte; bot dann der Dame, unter einer verbindlichen, französischen Anrede den Arm, und führte sie, die von allen solchen Auftritten sprachlos war, in den anderen, von der Flamme noch nicht ergriffenen, Flügel des Palastes, wo sie auch völlig bewußtlos niedersank. Hier—traf er, da bald darauf ihre erschrockenen Frauen erschienen, Anstalten, einen Arzt zu rufen; versicherte, indem er sich den Hut aufsetzte, daß sie sich bald erholen würde; und kehrte in den Kampf zurück.'（Heinrich von Kleist, 'Die Marquise von O...', https://www.projekt-gutenberg.org/kleist/marquise/marquise.htmlで閲覧可能）
夫人の細身の体になおも抱きついているあきらめの悪い最後の下司野郎の顔に、士官が剣の柄（つか）で一突きくれると、相手は口から血をどくどく流して仰向けに倒れた。やがて士官はフランス語で丁重な言葉をかけて夫人に腕をかし、この騒動で一言も口がきけなくなっていた夫人を、まだ火の手が及んでいない城館の右翼のほうに誘導した。しかし、そこへ来てから夫人はまたも意識を完全に失って、倒れこんでしまった。ここで――ほんのしばらくしてから恐怖におびえた侍女たちが姿を見せると、士官は医者を呼ぶよう手配して帽子をかぶりながら、じきによくなりますよ、と言って戦闘の場に戻った。〔佐藤恵三(訳)『クライスト全集　第1巻』沖積舎、1994年、「O侯爵夫人」p. 16より引用:邦訳複数あり〕

143　「雑ッシュ」(dashtard):筆者のFacebook投稿に対するジェイムズ・マーカスの返信による(2017年9月16日)

144　「深く暮らす」: Henry David Thoreau, *Walden* (1854; New York: Thomas Y. Crowell, 1910), p. 118.〔酒本雅之(訳)『ウォールデン　森で生きる』ちくま学芸文庫、2000年、2章17段落p. 137:邦訳多数あり〕
どんな天候であれ[p. 145]:同上pp. 19–20.〔『ウォールデン』1章23段落p. 27〕

8章 切なる訴え、単なる気取り:セミコロンを使うのはひけらかし?

147　「これ見よがし」: Robinson, 'Philosophy of Punctuation'.

147　「使い方を心得ているのが嬉しくてたまらない…」: June Casagrande, 'A Word, Please: Writers Who Use Semicolons Aren't Thinking About the Reader', *Los Angeles Times*, 23 July 2015.

147　「近代英文学の名手を選り分ける…」: E. H. Mullin, 'A Plea for the Semicolon', *The Chap-Book* (1 February 1898), p. 247.

150　おそらく人種隔離の矢が:Martin Luther King, 'Letter from Birmingham Jail', www.kinginstitute.stanford.edu/sites/mlk/files/letterfrombirmingham_wwcw_0.pdf〔中島和子・古川博巳(訳)『黒人はなぜ待てないか』みすず書房、1966年、pp. 98–9/梶原寿(訳)『マーティン・ルーサー・キング自伝』日本基督教団出版局、2002年、pp. 229–30〕

153　誰かから聞いたことがあるか:David Foster Wallace, *Consider the Lobster* (New York: Little, Brown, 2006), Ch. 4 'Authority and American Usage', pp. 108–9.

155　ウォレス自身が特権的な白人男性:同上p. 117.

157　スヌート(SNOOT):同上p. 69.

158　句読点まで音読していた:Andrew Adam Newman, 'How Should a Book Sound? And What About Footnotes?', *New York Times*, 20 January 2006, p. E33.

おわりに　ルール違反?

161　「背景で響かせる」: Theodor W. Adorno, 'Punctuation Marks', trans. Shierry Weber Nicholsen, *Antioch Review* 48, no. 3 (Summer 1990): 305.〔三光長治ほか(訳)『アドルノ　文学ノート1』みすず書房、2009年、「句読点」p. 135〕

164　「ロムニーさん…」: Carol Hartsell, 'Jon Stewart Slams You-Didn't-Build-That-Gate in Romney, Fox News' Face', *HuffPost*, 26 July 2012, https://www.huffingtonpost.com/2012/07/26/jon-stewart-you-didnt-buildthat_n_1705264.html

索引

・数字はページ数、nは脚注を表す

事項

人名

書名・作品名

著者プロフィール

セシリア・ワトソン（Cecelia Watson）
現在、バード大学の訪問研究員。セントジョンズ・カレッジでリベラルアーツ学士、シカゴ大学にて哲学修士、科学概念・科学史博士。以前はアメリカ人文系学会協議会（ACLS）の特別研究員としてイェール大学人文学科・哲学科に所属したほか、マックス・プランク科学史研究所の研究員や、ベルリンの芸術センター「世界文化の家」（Haus der Kulturen der Welt）で科学コンサルタントの経験もある。

訳者プロフィール

萩澤大輝（はぎさわ・だいき）
1992年生まれ。神戸市外国語大学大学院博士課程を単位取得満期退学し、現在は近畿大学経営学部特任講師。専門は認知言語学、語形成。業績に『ジーニアス英和辞典　第6版』（大修館書店）の校閲・執筆協力などがある。

倉林秀男（くらばやし・ひでお）
1976年生まれ。杏林大学外国語学部教授。博士（英語学）。専門は英語学、文体論。日本文体論学会代表理事（2018年～2020年）、会長（2020年～）、日本ヘミングウェイ協会運営委員。著書に『ヘミングウェイで学ぶ英文法』『ヘミングウェイで学ぶ英文法 2』『オスカー・ワイルドで学ぶ英文法』（アスク）『英文解釈のテオリア』（Z会）、『バッチリ身につく　英語の学び方』（ちくまプリマー新書）などがある。

セミコロン
かくも控えめであまりにもやっかいな句読点

2023年9月15日　第一刷発行

著　者　セシリア・ワトソン
訳　者　萩澤大輝・倉林秀男
発行者　小柳学
発行所　株式会社左右社
東京都渋谷区千駄ヶ谷3-55-12 ヴィラパルテノンB1
TEL 03-5786-6030　FAX 03-5786-6032
https://www.sayusha.com

装　丁　松田行正＋倉橋弘
印刷・製本　モリモト印刷株式会社
DTP　atelier tom

ISBN978-4-86528-383-9